RESISTIR PARA ExISTIR

Teo Lima

KOTTER
EDITORIAL

coordenação editorial
Sálvio Nienkötter

editor executivo
Raul K. Souza

editor-adjunto
Daniel Osiecki

capa
Jussara Salazar

editoração
Carlos Garcia Fernandes

produção
Cristiane Nienkötter

Dados Internacionais de Catalogação na Publicação (CIP)
Angelica Ilacqua CRB-8/7057

Lima, Teo
Resistir para existir / Teo Lima -- Curitiba : Kotter Editorial, 2020.
216 p.

ISBN 978-65-80103-96-6

1. Brasil - Política e governo 2. História política - Brasil I. Título

20-1326 CDD 320.981

Kotter Editorial
Rua das Cerejeiras, 194
82700-510 | Curitiba/PR
+55 41 3585-5161
www.kotter.com.br | contato@kotter.com.br

1ª edição
2019

O Analfabeto Político

O pior analfabeto é o analfabeto político.
Ele não ouve, não fala,
nem participa dos acontecimentos políticos.
Ele não sabe o custo de vida,
o preço do feijão, do peixe,
da farinha, do aluguel,
do sapato e do remédio
dependem das decisões políticas.
O analfabeto político é tão burro
que se orgulha e estufa o peito
dizendo que odeia a política.
Não sabe o imbecil que,
da sua ignorância política,
nasce a prostituta,
o menor abandonado,
e o pior de todos os bandidos,
que é o político vigarista, pilantra,
corrupto
e lacaio das empresas nacionais e multinacionais.

Bertolt Brecht

"O que me preocupa não é nem o grito dos corruptos, dos violentos, dos desonestos, dos sem caráter, dos sem ética... O que me preocupa é o silêncio dos bons".

Martin Luther King

"Sim, eu uso o poder."

Roberto Marinho, Fundador da Rede Globo.

Rexistir

E ver que toda essa engrenagem
já sente a ferrugem lhe roer

Trecho de "Admirável gado novo"
Zé Ramalho

Pouco mais de 30 anos depois de entrar em vigor a Constituição Cidadã de 1988, fruto da mobilização da sociedade pós-Ditadura, em esforço conjugado das forças de Esquerda com o Centrão, o Brasil se deparou com a chegada ao poder de um representante da Extrema Direita. Foi um traumático resultado do Golpe de 2016, que depôs uma presidenta da República, legitimamente eleita sem crime de responsabilidade.

Aberta a caixa de pandora em 2016, com o Golpe, consolidada a farsa, soltos os demônios ficou difícil para muita gente dar a si o benefício da dúvida. A Rede Globo liderou o processo de manipulação da opinião pública. O objetivo é nos tornar de novo um país-colônia e de certo modo nos tornar a todos escravos. Vimos para nosso assombro assumir um ministério com representantes pouco instruídos, com currículos mentirosos ou duvidosos, onde o chefe-mor (Bolsonaro) aciona o lema Brasil (Trump) acima de tudo e Deus (dinheiro) acima de todos.

Trata-se de um representante do neoliberalismo (estado mínimo, lucro máximo) cuja finalidade é tornar o Brasil novamente colônia, quintal dos Estados Unidos, com a finalidade de nos tornar meros exportadores de matéria-prima. A ordem é o entreguismo, iniciado com Temer.

A aprovação de 40 anos de contribuição e direito a aposentadoria aos 65 anos faz lembrar a lei dos sexagenários para escravos que atingissem 60 anos de idade. Até chegar naquela idade, o escravo (ou o trabalhador daqui para frente) estava morto ou (morrerá antes). É o "povo marcado, povo feliz" citado por Zé Ramalho.

A presente obra pretende servir de alerta. Para tanto, fez um resgate histórico. A história se repete como farsa. Voltemos ao século XIX. Os supostos heróis da Guerra do Paraguai se tornaram a casta que tem direito especial a aposentadorias à parte, enquanto o povo só assiste e não participa, como dizia um escritor do século passado (Lima Barreto).

Esta obra pretende desmistificar o mito dos heróis nacionais criados pelos aparelhos de dominação. A saber, aqueles que serviram ao aparato de construção do sistema constituído por verdadeiros "donos" do país, aqueles que construíram privilégios em cima do trabalho dos "de baixo", ou seja, Caxias, os supostos heróis da Guerra do Paraguai e por suposto, pais-fundadores da República.

Vêm a seguir alguns tenentistas que debandaram para a causa elitista, depois o político Carlos Lacerda, conhecido como o coveiro de Getúlio, e nos dias atuais Sérgio Moro e Bolsonaro, supostos restauradores da moralidade e do bem-comum.

Os arquétipos que seduzem o povo brasileiro são as medalhas no peito dos supostos heróis da Guerra do Paraguai, genocídio que deveria ser considerado vergonhoso. Para tanto, o sistema conta com a Globo. Tudo orientado pelos marqueteiros da emissora e diversos profissionais especializados no processo de manipulação.

Os Napoleões retintos, cantado por Chico Buarque, voltaram ao palco. Mais do que nunca o sábio do século XIX, que havia alertado "os de baixo" sobre o abuso da *mais valia*, segue atual apesar de tantos apregoarem que a Utopia do Socialismo está superada.

Pudera! Venerar heróis como Bolsonaro/Moro é algo longínquo, já vinha de longe, na imaginação popular. Recuemos até Homero: " Heróis é nome dado a homens de força sobre-humana, favorecidos pelos deuses e em determinadas épocas encarados como intermediários entre os deuses e os homens mortais" (Paul Johnson)

O que importa, dizem os indianos, não é o objeto do mito, mas a sinceridade com que se venera o mito (John Campell).

O mito se torna verdade e se transforma em religião organizada ou em partido político. Nos anos 30 e 40 as multidões gritavam "heil", e atualmente no Brasil repetem "mito, mito".

Sumário

O BRASIL DENTRO DA MATRIX

Morpheus: A Matrix está em todo lugar. À nossa volta. Mesmo agora, nesta sala. Você pode vê-la quando olha pela janela ou quando liga a sua televisão. Você a sente quando vai para o trabalho, quando vai à igreja, quando paga seus impostos. É o mundo que foi colocado diante dos seus olhos para que você não visse a verdade.

Neo: Que verdade?

Morpheus: Que você é um escravo. Como todo mundo, você nasceu num cativeiro, nasceu numa prisão que não consegue sentir ou tocar. Uma prisão para a sua mente.

A ideia de escrever este livro surgiu de uma discussão ocorrida com determinado parente de primeiro grau, a quem, aliás, devo muitos favores. É constrangedor você entrar em acalorado debate com alguém estimado e tão próximo mas, infelizmente, constatar que não existe ali qualquer intenção de entender politicamente os fatos: aqueles a quem nós costumamos chamar de "coxinhas" estão por demais impactados pela onda de ódio criada principalmente a partir do governo Dilma Rousseff (2011-2016).

A emoção abafa a razão, portanto, não existe qualquer possibilidade de enumerar argumentos baseados na História, Direito, Economia e Sociologia, dados fundamentais para se compreender o que ocorre na Política. O processo de imbecilização da inteligência brasileira tem raízes profundas e múltiplas: começou desde a época do Brasil Colônia e historicamente, a partir de uma altura, sofre a influência fundamental dos Estados Unidos.

A opinião pública construída pelos veículos de comunicação de massa (Noam Chomski) visa criar o midiota. "Massa", o próprio nome diz, toma a forma pretendida e planejada por aqueles (elite) que querem determinar como o cidadão comum deve pensar e sentir (ódio a pobres, negros, homossexuais, judeus, nordestinos, índios). Os aparelhos de dominação (Antonio Gramsci[1]) estão atuando.

Pobre de Direita, capitalista sem capital, intervencionista (militar), bolsominion, ovelha dócil, midiota, papagaio da Rede Globo, analfabeto político, todos terceirizam suas escolhas. Baseiam-se na mídia e na religião. A mídia é controlada pelo Capital (bancos). A religião vive o surto fundamentalista. Peões inconscientes num tabuleiro de xadrez.

---

[1] Antonio Gramsci (Ales, 22 de janeiro de 1891 — Roma, 27 de abril de 1937) foi um filósofo marxista, jornalista, crítico literário e político italiano. Escreveu sobre teoria política, sociologia, antropologia e linguística. Foi membro-fundador e secretário-geral do Partido Comunista da Itália, e deputado pelo distrito do Vêneto, sendo preso pelo regime fascista de Benito Mussolini. Gramsci é reconhecido, principalmente, pela sua teoria da hegemonia cultural que descreve como o Estado usa, nas sociedades ocidentais, as instituições culturais para conservar o poder.

O cidadão comum quer e precisa acreditar em algo. Não importa em quê. "Diga em que preciso ter fé, e eu seguirei". É o prato feito. Zona de conforto. É mais fácil alguém decidir por ele. Estudar, ler, nem pensar.

Inimigo do ser humano, o senso-comum criado pela mídia e pela religião torna-se a válvula de escape do cidadão mediano, acomodado na zona de conforto sem jamais ter lido sequer um livro em toda a sua vida ou lido pouco.

O povo é mera plateia, conforme já dizia o escritor mulato Lima Barreto há 100 anos. "A República de Bruzundanga, como toda pátria que se preza, tem também os seus heróis. E as riquezas estão nas mãos de alguns privilegiados", escreveu o autor de *Triste fim de Policarpo Quaresma.* Ninguém é protagonista, todo mundo só assiste.

Na canção "Admirável Gado Novo", o músico nordestino Zé Ramalho faz menção à pasmaceira e indiferença em que vive o povo brasileiro acostumado a "dar muito mais do que receber", ao se referir aos pesados impostos e pouco retorno social.

Assim alienado, com alto nível de não-cidadania fica fácil inverter o sentido original da Economia (*"oikonomia"*), que significa "governo da casa" na sua origem grega. Nossa casa, a pátria, fica assim nas mãos dos que manipulam a opinião pública (na verdade opinião publicada). A palavra bíblica diz que a casa dividida não se manterá em pé.

Foram mais de 300 anos de Escravidão, ou seja, foi há apenas 131 anos que a Princesa Isabel assinou a Lei Áurea. A mancha social, o fardo e a herança escravista pesam, pois o cidadão comum não tem voz até hoje, não tem personalidade: o servo tinha um dono, submisso, passivo e, portanto, sem qualquer autoestima.

Somos ainda um país escravista, o que se pode verificar quando se recorda nossa história: é um conhecimento válido para explicar quem somos e por que nos comportamos desta ou daquela maneira. Estamos apenas reproduzindo comportamentos, preconceitos e discriminação.

Os seres humanos escravizados chegavam até a pedir a bênção ao senhor, uma demonstração de subserviência que até hoje se reflete nas relações sociais em nosso país, onde a não-cidadania dá origem a todos os males. É como se os "de baixo" pedissem autorização aos "de cima" para existir.

Como no DNA da República, mal existe o arquétipo dos militares fundadores, daí o pedido ingênuo do intervencionista, o analfabeto político que estufa o peito e diz "detesto política" ou "deixa que o Mourão resolve". Ou "no tempo dos militares não havia corrupção".

O elitismo e o patrimonialismo* de Mourão já sobejamente demonstrado por suas declarações corporativas ("fim do 13º salário"), racistas ("meu neto já está branqueado", sendo ele Mourão descendente de índios, e "índios e negros são indolentes") ficaram comprovados logo que o vice-presidente assumiu interinamente. Tentou acabar com a Lei de Transparência, que revela salários de servidores públicos. Ao mesmo manejou para que seu próprio filho tivesse aumento salarial no Banco do Brasil, onde o jovem trabalha.

Patrimonialismo é a característica de um Estado que não possui distinções entre os limites do público e os limites do privado. Foi comum em praticamente todos os absolutismos.

O monarca gastava as rendas pessoais e as rendas obtidas pelo governo de forma indistinta, ora para assuntos que interessassem apenas a seu uso pessoal (compra de roupas, por exemplo), ora para assuntos de governo (como a construção de uma estrada). Como o termo sugere, o Estado acaba se tornando um patrimônio de seu governante.

Tal postura se instaurou na Europa pelos germanos que invadiram Roma. Os romanos tinham por característica a república, forma onde os interesses pessoais ficavam subjugados aos da república.

No Brasil

No Brasil, o patrimonialismo fora implantado pelo Estado colonial português, quando o processo de concessão de títulos, de terras e poderes quase absolutos aos senhores de terra legou à posteridade uma prática político-administrativa em que o público e o privado não se distingue perante as autoridades. Assim, torna-se "natural" desde o período colonial (1500–1822), perpassando pelo período Imperial (1822–1889) e chegando mesmo à República Velha (1889–1930) a confusão entre o público e o privado.

O patrimonialismo é uma ideia essencial para a definição do Homem Cordial, conceito idealizado pelo sociólogo Sérgio Buarque de Holanda em Raízes do Brasil.

Victor Nunes Leal, em seu clássico *Coronelismo: enxada e voto,* trabalha de modo magistral o patrimonialismo no Brasil. Para este autor, a medida que o poder público ia se afirmando sobre o poder privado, e o Estado imperial ganhava força e podia prescindir da "muleta" dada pelos latifundiários e senhores de terras, este mesmo Estado teria extralegalmente tolerado que o fazendeiro (o chamado "coronel") embarcasse dentro da "canoa" do Estado moderno; em troca da "força moral" (dos votos) dos coronéis fazendeiros, o Estado brasileiro continuou, embora ilegalmente, homologando os poderes formais e informais destas figuras. Já os fazendeiros, "perdendo os anéis para conservar os dedos", souberam adaptar-se aos novos tempos, e embarcaram quase incólumes na "canoa sem remo" da república. O legado do poder privado, mesmo hoje, ainda sobrevive dentro da máquina governamental com o uso e presença do "jeitinho brasileiro", quando a maioria dos políticos enxergam o cargo público que ocupam como uma "propriedade privada" sua, ou de sua família, em detrimento dos interesses da coletividade.

Durante o jogo entre Brasil 2 x 0 Argentina em 2 de julho de 2019, o narrador Galvão Bueno tentou vender a ideia de que Bolsonaro é povão, pois "é apaixonado por futebol". Bueno, conhecido ufanista, faz lembrar a imagem que se vendia do general de plantão do início dos anos 70, Garrastazu Médici, que ia ao Maracanã ou aparecia com um radinho de pilha na orelha.

Trata-se de uma construção no imaginário coletivo com a finalidade de manter o *status quo* e cujos resultados positivos a favor da elite sempre ocorre. Em conversa com uma dessas pessoas colonizadas, ela me dizia que "Bolsonaro é patriota". Claro, tão patriota que participou do aniversário da Independência dos EUA e também fez continência para a bandeira do Tio Sam.

As nações que procuram protetores terão donos

Louis Fischer

O que acontece desde o impedimento da presidente Dilma é um ataque ao estado de bem-estar social, duramente construído com a Constituição de 1988. Ali se fortaleceu a seguridade social, exemplo para o mundo. Tanto a aposentadoria quanto o SUS - Sistema Único de Saúde - são tidas como referência em seus conceitos embora seu gerenciamento cometa muitos pecados.

Morei no país vizinho em 2010. Ao voltar ao Brasil após seis meses (tendo morado em Asunción, Paraguai), fiquei muito surpreso com a grande oferta de empregos no comércio. Todos os bares, lanchonetes, restaurantes e supermercados ofereciam vagas. A autoestima do país estava altíssima devido à atração da Copa do Mundo, as Olimpíadas e as descobertas das reservas de petróleo do pré-sal. No entanto, a conspiração envolvendo naquele momento o futuro vice-presidente Michel Temer (PMDB) e principalmente a Rede Globo, estava em marcha. Havia nuvens negras, mas na euforia do país em franco progresso, acredito que poucos estavam atentos.

Os trustes do petróleo já sabiam tudo sobre nós nas primeiras décadas do século XX: um povo que se interessa por carnaval, futebol, farras e pouco sabe sobre sua história (por conseguinte sobre política). Quem detiver o ouro negro abre portas com a palavra mágica 'abre-te Sésamo' do conto de fadas. Sem petróleo, somos escravos. O alerta havia sido dado por Monteiro Lobato (o autor de O Escândalo do petróleo e do ferro, sendo por isso preso).

Por que será que a hegemonia mundial passou da Inglaterra para os Estados Unidos? A Inglaterra era senhora do mundo graças à energia do carvão. Mas eis que os EUA descobrem o petróleo. E aí... muda o pêndulo da balança do poder mundial. A águia (EUA) substitui o leão (Reino Unido), ambos predadores.

A Petrobras é a cereja do bolo dos abutres internacionais. Oitava do mundo no segmento, é a maior empresa brasileira, reconhecida por três vezes como a melhor empresa do mundo na extração de petróleo em águas profundas.

A Petrobras não estava quebrada; como todas as demais empresas do setor, apenas havia sofrido problemas financeiros em 2016, quando o barril de petróleo caiu de preço. A Lava-Jato paralisou todas as obras da nossa estatal provocando 200 mil desempregos só na estatal. Em cascata, várias empresas brasileiras foram afetadas, gerando mais de um milhão de desempregados.

A indústria internacional do petróleo não atua de forma competitiva, mas sim de forma cartelizada controlada por gigantescos oligopólios privados e grandes monopólios estatais

Maria da Conceição Tavares

O governo Bolsonaro preparou um plano de venda fatiada da Petrobras até 2022[2]. No capítulo *Peões na luta pelo ouro negro* eu mostro o histórico da luta pelo petróleo desde os primórdios, a batalha pela criação da empresa e a manipulação da opinião pública para acabar com a soberania nacional.

A revista *Isto é* de dezembro de 2010 trazia como capa "Nunca fomos tão felizes", alardeando então que "brasileiros são tomados pelo sentimento de bem-estar, comprando mais carros, viajando mais, adquirindo a casa própria e realizando sonhos até então inimagináveis. A indústria prepara-se para o melhor Natal em décadas".

Todos acompanharam o que ocorreu. As fraudes eleitorais, antigas conhecidas na Velha República (onde 3% da população tinham direito ao voto), voltaram a ocorrer com o impedimento de Lula concorrer e também com as *fakes news* que levaram Bolsonaro ao poder. São vários resultados em cascata. Várias perdas em série para o país e para os direitos humanos.

As seguidas reportagens da Globo sobre o mensalão e em seguida do Petrolão vieram a desconstruir tudo de bom que o PT havia construído ao longo de 16 anos dos governos Lula/Dilma. Utilizar o apelo do verde-amarelo, o pretexto do patriotismo e campanhas moralistas são recursos usados anteriormente por Vargas nos anos 30 e pela Ditadura de 64.

Ninguém em sã consciência conseguiria negar os casos de corrupção do Mensalão e do Petrolão; só que as denúncias serviram como pretexto para derrubar o governo legítimo da então presidenta Dilma. Criou-se uma egrégora (força espiritual criada a partir da soma de energias coletivas) no país. Jogou-se fora a criança com água e tudo.

[2] Fórum de Defesa da Petrobras

Tanto o porteiro do prédio onde moro quanto o zelador registraram grande prosperidade durante os anos dos governos petistas. Ambos construíram casa própria e adquiriram carro inclusive para os filhos durante os governos Lula e Dilma. Mas nas urnas em 2018 cravaram o 17 "porque os petistas roubaram", influenciados, é claro, pela campanha midiática.

Todos se esquecem ou desconhecem a frase do filósofo romano Sêneca (4 AC- 65DC): "Quem acolhe um benefício com gratidão, paga a primeira prestação da sua dívida". Todos os extratos sociais, do gari ao banqueiro, prosperaram durante os governos petistas. Participei de uma reunião com um executivo de uma grande multinacional americana da área do bem-estar em 2007. Aquele profissional profetizava que a classe 'C' iria ter poder de compra e assim aconteceu. Motivo: havia uma política pública para "empoderar os de baixo".

Os mesmos que criticam os representantes populares pela criação de programas sociais como o Bolsa Família, uma das medidas responsáveis pelo *boom* do país de 2002 a 2014, entraram no coro do *fora Dilma* e através do *fora Dilma* foram prejudicados. A crítica aos programas sociais tenta vincular tal iniciativa ao assistencialismo, o que é totalmente diferente.

Quando visitei minha cidade natal em Minas (Raul Soares) em janeiro de 2016, fiquei surpreso com a prosperidade da cidade, anteriormente pobre e com a presença constante da mendicância. Jovens motorizados no meio rural, bairros nobres, mansões e comércio forte. Perguntei o motivo, e a resposta foi: graças aos governos do PT.

Durante a campanha presidencial de 2018, o programa eleitoral do candidato 17 veiculou no depoimento de uma senhora negra, que naquele momento agradecia a bondade do então deputado: "Quando precisei e o visitei, ele me proporcionou uma *quentinha* (refeição)". Aí sim é assistencialismo.

Aprovar nos dias da atualidade o gesto de polegares para baixo realizado pelos expectadores romanos diante do gladiador tombado à frente do vencedor, que esperava, com aquela resposta, dar cabo do inimigo prostrado. Mas ouvi de dois familiares entusiasmados com a Ditadura, "tomara que prenda e mate todos esses comunistas", ao se referirem àqueles que fazem parte da Resistência.

"Mesmo que quem faça parte da Resistência seja um dos seus filhos?" - seria o caso de perguntar aos que defendem a repetição das barbaridades cometidas pelo regime criado a partir do governo ilegítimo de Castelo Branco e cujos crimes hediondos foram denunciados sobejamente pelos relatórios da Comissão da Verdade.

A onda de ódio e a hipnose coletiva iniciada a partir de 2013 e especialmente em 2016, que culminou com o impedimento da presidenta Dilma Rousseff, ensejou uma loucura nacional no sentido de satanizar tudo que se refere à Esquerda. O alerta de Monteiro Lobato não foi ouvido. Nem o estampido do tiro que Getúlio deu no peito.

A mudança interessa a quem? Um sábio inglês disse que "toda grande verdade começa como blasfêmia". A promoção dos "de baixo" para o andar de cima provoca incômodo à elite. Contra tal ousadia é que se levantou o movimento de derrubada de Democracia no Brasil, como ocorre ciclicamente na História.

A polaridade entre esquerda e direita não é novidade. FHC cita em sua autobiografia que sua própria família se dividiu na década de 30 entre pró e contra Getúlio; durante a fase do confronto entre fascistas/nazistas versus o resto; no período em que Jango liderava a campanha de reformas; no final dos anos 60 e começo dos 70, com os grupos de guerrilha contra o AI-5.

Júlio Cesar, grande general romano, já empregava há mais de 2 mil anos nas Gálias a tática de "dividi-los para governá-los", obtendo sucesso na derrota final de Vercingetorix. Aqui no Brasil, os gringos fazem o mesmo: então cá estamos nós, "pão com mortadela de um lado, coxinhas do outro". Quem perde é o grande projeto nacional.

Andrew Korybko, autor de *Guerras Híbridas*, constrói um novo conceito para explicar as novas táticas dos Estados Unidos para derrubar governos. A guerra híbrida é a combinação de revoluções coloridas e guerras não convencionais para substituir governos. Partindo do estudo de caso da Síria e da Ucrânia, o autor constrói um novo conceito, cujo modo de operação pode ser facilmente identificado em outros conflitos no Oriente Médio e na América Latina. É o novo modelo de intervenção para o século XXI.

Em *A Arte da Guerra*, Sun Tzu aconselha quebrar a resistência do inimigo sem a necessidade de se empreender a luta armada. Foi isso que as empresas multinacionais americanas da área de petróleo conseguiram do Brasil. Houve uma guerra para conquistar o ouro negro do Iraque e enforcar Sadam Hussein. Aqui nem precisou.

"Não há segredos que o tempo não revele", disse Jean Racine em 1669. A imagem que se vende de John Kennedy era a de um mártir, mas revelações escabrosas sobre a CIA mostram que enquanto os filhos brincavam no Salão Oval da Casa Branca, o pai planejava a morte de inimigos dos Estados Unidos, tudo na mesma sala.

Espionagem é espionagem. Vocês precisam fechar os olhos em certas ocasiões e aceitar o que aconteceu.

Senador John Stennis

O mesmo Kennedy havia disponibilizado US$ 8 milhões para preparar o golpe que derrubou João Goulart no Brasil. Custo alto? Nem pensar, o retorno do investimento seria pago em dois anos, conforme revela Tim Weiner em *Legado de Cinzas – uma história da CIA*.

"Os Estados Unidos, que consomem um quarto do petróleo mundial, dos quais dois terços ainda provêm do exterior, desejarão manter o controle absoluto das suas fontes de abastecimento", escreve Jacques Attali, em *Uma breve história do futuro*. Um escritor francês que observa que os americanos se comportam como donos do mundo.

Um arrependido espião da CIA, Philip Agee, conta que ao participar da conspiração em países da América Latina, constatou para seu remorso, que havia contribuído para o empobrecimento cada vez maior de todos nós, pobres moradores do Hemisfério Sul (mostro detalhes na sequência).

Em 2013, quando os jovens saíram às ruas para exigir tarifas de transporte coletivo "apenas 20 centavos mais barato", todo mundo pensou no Brasil que a manifestação era um sinal positivo. Mas quem estava ligado num personagem chamado Steve Bannon, sabia o que estava por trás das manifestações, ocorridas em nível nacional. Era o sinal do golpe que se avizinhava.

Hildegard Angel, filha de Zuzu Angel e irmã de Stuart Angel, ambos mortos pela Ditadura, disse: "O grande medo dos ricos é o medo de perder". Medo e ódio são faces da mesma moeda. Tanto que homofobia (homo=sangue; fobia=medo) se traduz no ataque a gays e lésbicas.

A religião e a mídia pautam as crenças da povão. A religião é elitista, seletiva e excludente. O tema polêmico foi explorado nos anos 70 com o livro *Os demônios descem do Norte*, no qual Délcio Monteiro Lima mostra como seitas dos Estados Unidos vieram trazer para o Brasil as sementes do Imperialismo.

Religião se baseia em autoridade e tradição. Autoridade porque se trata de revelação divina, portanto de cima para baixo. Tradição porque apenas segue o estabelecido, geração por geração. São os desígnios insondáveis, jamais questionados. Ao adepto compete seguir, nunca pensar.

O número de crentes eleitores no 17 durante as eleições de 2018 foi assombroso. Edir Macedo foi o grande cabo eleitoral. Tanto que as verbas publicitárias encaminhadas à Record superaram as da Globo na sequência como pagamento pelo favor recebido. E o vencedor fez questão de salientar que o estado não é laico.

O músico Zezé di Camargo, o mesmo que chorou pela morte do irmão em *Os filhos de Francisco*, considerou um absurdo a grande repercussão registrada por ocasião da morte de Marielle Franco, assassinada pelas milícias no Rio. "Todos os dias morre gente, então por que o barulho?" - comentou Zezé, ao considerar "normal" a ocorrência de homicídios no país.

O Brasil é o paraíso dos espiões

André Soares, da ABIN

A violência, segundo o músico, é algo corriqueiro, banalizado. O que um analfabeto político como Zezé di Camargo não alcança é que Marielle Franco estava denunciando a matança de pobres negros nas favelas. A eugenia e o racismo sempre existiram no Brasil.

Se tivéssemos tido reforma agrária em 64 como era proposto por Jango, possivelmente o irmão de Zezé di Camargo, morto num acidente trágico, talvez não tivesse ocorrido. Como se lembra, Francisco & família foram expulsos da terra para se tornarem migrantes da cidade grande. Antes do sucesso, passaram por toda série de privações; o músico esqueceu sua origem embriagado agora pelo êxito obtido.

A falta de consciência de classe figura entre os problemas do brasileiro despolitizado. Quem é da Classe Média se acha rico. Ou carrega "bandeiras" da elite. Presenciei em 2016 uma cena que ilustra justamente o equívoco dos que seguem tal conceito. Hasiel Pereira, negro, militante político preso durante a Ditadura, conversava com um jovem, este também negro, quando o último começou a defender o impedimento da então presidenta Dilma.

"Olha para a sua pele" - observou Hasiel apontando para a pele do jovem negro, o interlocutor que estava ali à sua frente argumentando "porque era importante tirar do governo a presidenta corrupta". Ora, o que tirou Dilma do governo foi o pretexto das Pedaladas Fiscais. Um mês depois de ter assumido o cargo, Bolsonaro já havia cometido a sua primeira pedalada.

"Antes da Revolução, um operário era um cubano insignificante. Agora ele é um ser humano". Pág. 489. Florestan Fernandes - *Sociologia crítica e militante* aborda as mudanças ocorridas na ilha do Caribe. Me faz lembrar reportagem de televisão ocorrida por ocasião da morte de Fidel Castro. "Antes de Sierra Maestra, 100 negros aqui não valiam o peido de um branco", disse naquela oportunidade um morador negro da ilha.

Quando comentei com alguém que visitaria Cuba, meu interlocutor logo contestou: "Vai sim, é bom mesmo porque você vai ver todos aqueles carros velhos". Ao invés de pensar no ser humano que ali vive, onde os níveis educacionais e o sistema de saúde estão no ranking de melhores do mundo.

Uma vez colônia sempre colônia. Enquanto nos demais países da América, principalmente nos Estados Unidos, já há universidades há séculos, só há pouco tempo tivemos aqui as nossas. O analfabeto funcional e o analfabeto político são mais facilmente controlados. Somos assim acostumados culturalmente a admirar os heróis dos outros. Recordando os anos 50, quando eu - criança do interior de Minas, mesmo ainda sem saber ler, já folheava as revistas de faroeste cuja origem eram o país rico do Norte - percebo o nível de alienação.

O estudo é a arma de tiro certo, mas a ignorância fez seu trabalho desde cedo

Mel Duarte

Para tal processo de aculturação de imbecis, Hollywood nos condicionou a assistir os filmes de bangue-bangue onde os mocinhos e vilões ainda povoam a nossa imaginação de nação vira-lata. Getúlio Vargas e Roosevelt celebram acordos na década de 30 abrindo o campo de infiltração dos padrões imperialistas contra os quais se bateu na primeira metade do século XIX Simon Bolívar.

Livros, histórias em quadrinhos, filmes, programas de televisão, tudo contribui para realizar o estereótipo de gerações cujos valores éticos são consagrados com estimulantes ao culto da violência bem como o culto aos valores conferidos pelo dinheiro.

Enquanto comunismo e fascismo tentavam conquistar corações e mentes nos anos 30 e 40, foi o cinema que ajudou os Estados Unidos a nos americanizar, trazendo para cá um pouco do chamado *American way of life*. O multimilionário Nelson Rockfeller teve a ideia da Divisão de Imprensa e de Publicações do Office, dirigida por homens do mundo do jornalismo norte-americano, e o próprio veio orientar os anúncios de empresas americanas nos veículos de comunicação brasileiros.

Rockfeller, pasmem, o dono da Stantard Oil, empresa multinacional da qual falaremos logo a seguir. A armadilha estava sendo preparada e os colonizados aqui do hemisfério Sul caíram no golpe.

Pagaríamos caro por essa brecha aberta porque através da publicidade, a dominação entraria aqui como se pode observar no pré-64, quando se utilizaram largamente recursos estrangeiros para o Golpe, que culminou na Ditadura de 21 anos.

Imagine colocar a raposa no galinheiro. Meu pai nos anos 60 diariamente estava atento ao *Repórter Esso*. Imagina só quem patrocinava o *Repórter Esso*: a Standard Oil, multinacional dona dos postos distribuidores de combustíveis no Brasil de então.

Conforme Lucia Lippi Oliveira em *O Brasil republicano*, a revista *Seleções do Reader´s Digest* foi lançada no Brasil em 1942, no mesmo ano em que aqui chegavam a Coca-Cola e a Kibon. Fui um dos maiores leitores das *Seleções* na década de 60, esperando mês a mês pela chegada da revista, que então assinava.

O lançamento do filme *Alô Brasil* em 1942 foi iniciativa de Walt Disney para mostrar a figura do Zé Carioca, a melhor tentativa de popularização da ideologia do americanismo: malandro, charuto e humor com tendência de resolver tudo na piada. Esse protótipo do brasileiro sugere a figura de Vargas amistoso e até malandro. O americanismo e a dominação estavam em marcha. Pagamos caro por isso.

O bolivarianismo venezuelano de Chavez/Maduro é satanizado por uma categoria de quase-cidadãos, estes meros papagaios das mentiras das Rede Globo. Simon Bolívar idealizou a pátria-grande sem a desgraça do imperialismo americano. O grande revolucionário já havia adiantado antes de morrer em que os EUA eram a ameaça através da Doutrina Monroe e do Destino Manifesto (Destino Manifesto - expressão usada pelo jornalista John O´Sullivan apoiando a anexação de território mexicano. A expressão se basearia em suposta missão excelsa de civilizar territórios bárbaros ou incultos.)

Simon Bolivar se tornou odiado porque a primeira medida tomada, na luta para a independência dos povos de língua hispânica, foi abolir a Escravidão. O revolucionário venezuelano queria uma pátria grande.

> *Maldito é o soldado que atira em seu próprio povo*
>
> Simon Bolívar

Aqui se repete a tolice de dizer que "o Brasil não pode se tornar uma Venezuela" quando na verdade é o inverso: Venezuela é que não pode se tornar um Brasil. Já entregamos nossa soberania (petróleo, controle sobre a energia elétrica) e estamos a caminho de entregar a Amazônia, nossos lençóis freáticos, etc. Os venezuelanos resistem. É a maior reserva de óleo negro do planeta.

Há quem diga que há violência no país de Maduro tapando os olhos para o genocídio negro e índio que sempre se praticou aqui, desde que o homem branco pisou o solo deste continente. Os papagaios do Imperialismo repetem as mentiras da mídia, por exemplo, com relação à fome no país vizinho, enquanto que no Brasil a fome é endêmica. Josué de Castro, polemista sobre o tema, teve que se asilar durante a Ditadura por causa da bandeira contra a fome. Morreu no exílio. É proibido dar visibilidade ao que não interessa.

É evidente que a Venezuela enfrenta problemas de abastecimento principalmente de gêneros alimentícios graças ao boicote interno de empresários interessados na derrubada do governo popular. Como Cuba, eterna vítima da rapinagem americana até a chegada dos barbudos de Sierra Maestra.

Em 1803, os negros do Haiti derrotaram as tropas francesas. A Europa jamais perdoou tal humilhação infringida à raça branca. O Haiti foi o primeiro país livre das Américas e, segundo Aimé Cesaire, os Estados Unidos tinham conquistado sua independência antes, mas meio milhão de escravos trabalhavam nas plantações de algodão e de tabaco.

A nação haitiana foi condenada ao bloqueio, como ocorre hoje com Cuba e Venezuela. Ninguém comprava, ninguém vendia. O país foi reduzido à miséria. Sob a batuta do então presidente Quincy Adams, perfeito representante da supremacia branca, o deboche era geral em relação aos vizinhos do Hemisfério Sul, onde todos eram "mantidos sob a pressão acumulada da escravidão, superstição e ignorância".

A história é escrita pelos vencedores. A narrativa da mídia é dos donos do Capital. Há pouco tempo, Lula na cadeia dizia que lê muito e que se surpreende com as mentiras "contadas por Euclides da

Cunha a respeito de Canudos". Foi um massacre contra a população pobre, sub escrava, largada à própria sorte. Não houve o *mea culpa,* mas sim a fabricação de um bode expiatório: Antônio Conselheiro. Detalhe: a Câmara Municipal de Santa Cruz do Rio Pardo - SP, enviou um protesto por Lula "desrespeitar a História".

A Justiça é como a serpente. Só pica os pés descalços.

Eduardo Galeano

A propósito, o bisavô do ministro Thompson Flores, do TRF-4 de Porto Alegre, era militar de alta patente e contribuiu para a morte de Antônio Conselheiro. Se o bisavô matou Conselheiro, então por que o bisneto não pode condenar Lula? Flores não lamenta, pelo contrário, tem orgulho. É o pobre que está sendo morto diariamente em Canudos, Balaiada, Guerra do Contestado, nas favelas do Rio, ou pela seca do Nordeste.

Flores e demais desembargadores do TRF-4 apenas referendaram as decisões tomadas em primeira instância pelo compadre Sérgio Moro, em Curitiba. Daí para a frente, a prisão seria uma consequência automática.

A parcialidade da Justiça não é coisa nova: é apenas uma continuidade dos fatos durante o Brasil colônia e império. O que vai se ler abaixo comprova ao longo da História o papel da Ditadura nos casos, por exemplo, de Vladmir Herzog ou Santos Dias, assassinados nos porões do DOI-CODI, mas negados: " eles se mataram", em demonstração de cinismo e desprezo pela vida humana, como aliás se fazia com os escravos.

Segundo Lars Schoultz, visitantes dos Estados Unidos por volta de 1845, em passagem pelo Brasil, anotavam que a Justiça aqui era parcial, viram também a arte de procrastinar decisões até que o favor do juiz seja assegurado por influência e suborno e observaram que brasileiros eram um povo degradado e corrupto, ignorantes nos rudimentos primários da justiça administrativa ou judicial.

Perseguido pela Ditadura, depois de amargar 13 anos no exílio, José Serra foi abordado certo dia por alguém que, como promotor, o havia denunciado "por ordens de cima", sem sequer verificar a procedência dos supostos crimes. "Me perdoe", disse a pessoa, como se palavras naquele momento pudessem eximir o servil funcionário do Ministério Público dos pecados...! Dallagnol portanto teve muitos predecessores.

"As autoridades estão preocupados na manutenção da origem escravista e não na preservação da incolumidade dos africanos. Até mesmo no século XIX, as denúncias de crime que chegam nos tribunais são frequentemente respondidas por investigações e sentenças que atribuem a morte do cativo a um acidente a um suicídio", diz Emilio Gennari, autor de *Busca da Liberdade - traços das lutas escravas no Brasil.*

Preocupados com a resistência tenaz do Quilombo dos Palmares, cujos integrantes aterrorizavam as fazendas das imediações em Alagoas, tal experiência incutiu o medo nos donos de escravos em todo o país dali para frente. Ficou proibido em diversos locais do Brasil que negros andassem pelas ruas após às 21 horas. A Ditadura também adotou tal procedimento, instituindo o toque de recolher. Pág. 67.

Thomas More, autor de *Utopia,* teria baseado sua obra em narrativas de exploradores marítimos do século XVI, provavelmente teriam visitado o Brasil onde os índios viviam em condições mais ou menos comunistas, dividindo tudo em sociedade, como a colheita, a caça, as próprias mulheres e solidários na guerra.

Não precisa dizer que Thomas More foi decapitado entre outras coisas por pregar a sua utopia. Campanela, autor de *A Cidade do Sol* esteve confinado em cárcere por 30 anos. Nelson Mandela por 27 anos. Luiz Carlos Prestes por nove anos. Inclusão é algo perigoso.

A pior ditadura é a do Judiciário. Contra ela não há a quem recorrer.

Rui Barbosa

O sociólogo Jessé Sousa aborda de maneira magistral em *A elite do atraso* a dicotomia entre a Casa Grande e a Senzala, que ainda permeia a sociedade brasileira, mesmo depois de mais de 100 anos da assinatura da Lei Áurea pela princesa Isabel. O lugar do negro, o lugar do pobre, é o lugar dos de baixo.

Trata-se, portanto, de senso-comum, uma cultura que se arrasta há séculos espelhando-se, por exemplo, no conhecido jargão do pé de chinelo, diante do "sabe com quem você está falando?", ou "quem nasceu para tostão não chega ao milhão" ou seja, "cuidado com o elevador privativo" e por aí vai.

Quem tem diploma universitário é preso em cela especial. Os demais em celas comuns. Como educação no Brasil sempre foi preocupação de último plano, como se verá nas próximas linhas, estão destinados aos não-instruídos e marginalizados da cultura os piores lugares da sociedade.

Quem teve oportunidade de ler o livro de autoria do famigerado Coronel Carlos Alberto Brilhante Ustra, e quem leu os artigos de Jarbas Passarinho, ali percebe claramente o posicionamento dos oficiais do Exército sobre a situação social: eles são claramente capitães de mato a serviço da Casa Grande contra a Senzala.

O pensador escravista Perdigão Malheiro dizia no século XIX que a boa índole dos brasileiros contribuía para melhorar a vida dos negros, como se isso fosse uma concessão. Ustra e Passarinho, a seu modo e contexto, pensavam igual.

Durante a campanha presidencial de 2018, bloqueei no *whats ap* uma pessoa que fazia apologia do torturador Ustra. O irônico é que o bloqueado é uma pessoa ligada à religião. "A religião – diz certo autor – não é a solução; ela é o problema".

A PARTE QUE TE CABE NESTE LATIFÚNDIO

Essa cova em que estás
Com palmos medida,
É a conta menor
Que tiraste em vida.
É de bom tamanho,
Nem largo nem fundo
É a parte que te cabe
Neste latifúndio.
É a terra que querias
Ver dividida

Morte e Vida Severina, João Cabral de Melo Neto, que foi transformada em canção por Chico Buarque

Caixões eram emprestados para o velório dos agricultores pobres do Engenho Galileia em Pernambuco. Depois eles devolviam o caixão e o infeliz era enterrado de qualquer jeito mesmo. Até que se teve a ideia de criar as Ligas Camponesas, organizando-se a categoria. Na sequência, foram chamados de comunistas e perseguidos. Tiveram então a ideia de chamar um advogado obscuro chamado Francisco Julião (autor do livro *Cachaça*). A aguardente era moeda de troca com que fazendeiros pagavam os trabalhadores. Para representá-los na luta política. Mais tarde Julião se tornaria deputado federal, perseguido pela Ditadura.

A luta pela terra, a organização dos trabalhadores, agregados, índios e negros, meeiros e boias-frias, contam com uma longa história, entremeada por suor, sangue e lágrimas, exclusão, perseguição e dor. Voltemos no tempo. É como diz Joaquim Nabuco: "A escravidão é um estado violento de compressão humana no qual não pode deixar de haver, de vem em quando, uma forte explosão".

As comunidades indígenas que habitavam o território que hoje chamamos de Brasil não concebiam demarcação de terras, inexistindo distribuição territorial.
(LIBERATO, 2004, p.28), citado em Reforma Agrária e Meio Ambiente - teoria e prática no estado do Paraná

O Reino português ignorou a existência de moradores nas novas terras descobertas e passou a dividir o solo em sesmarias. Estava iniciado ali o processo de exclusão do verdadeiro dono do solo: os índios, que entrariam a partir de 1500 em processo de genocídio.

A luta pela resistência e sobrevivência passa pela luta pela terra. A princípio os índios internando-se cada vez, fugindo ao litoral. E mais tarde, os quilombos, onde se refugiaram os negros.

O pouco que tomei conhecimento sobre quilombolas, tribos indígenas e MST[4], pude ter uma ideia da importância da preservação ambiental e não uso de agrotóxicos, pesticidas e adubos químicos. É verdade que nem sempre ocorre assim, mas tais grupos sociais

[4] O MST é um movimento agenciador de redes de sociabilidade e de participação social no campo. Programa do MST ganhou um prêmio internacional da UNESCO. Movimento inovou em formas de organização da produção, difundindo o modelo de produção em cooperativas. Tido como maior produtor de arroz orgânico da América Latina.

fazem o contraponto à presença quase onipresente do agronegócio pernicioso e assassino.

A própria ministra da Agricultura, Teresa Cristina, é conhecida mesmo entre seus pares deputados como a rainha do veneno. E a Rede Globo constantemente veicula a lavagem cerebral em cima da opinião pública de que "agro é pop" ou que agronegócio é bom para todos.

> *O Brasil tem seu corpo na América e sua alma na África.*
>
> Padre Antônio Vieira (1691)

Ao apresentar o livro de Maria Antônia de Souza, *Educação e Cooperação nos Assentamentos do MST*, Maria da Gloria Gohn diz que o Movimento dos Trabalhadores Sem Terra "perturba a lógica e a origem das relações demarcadas da sociedade". Uma sociedade desigual, racista, machista, que tem como espelho a elite ignorante, imediatista e egocêntrica está comodamente posta na zona de conforto. Daí tanta gente sem noção falar mal de um movimento social.

Vagabundos, desordeiros, invasores da propriedade alheia etc., são alguns dos epítetos que se propagam contra o MST. Ao invés de mencionarem que o movimento *ocupou* uma área ociosa, dizem que *invadiu* quando na verdade a Constituição de 1988 abrigue tal atitude quando o latifúndio é improdutivo e não desempenhe a função social.

O facão que o sem-terra mostra na bandeira do MST transcende o mapa do Brasil. Isso significa que o movimento faz intercâmbio com vários países do mundo, tendo enviado integrantes até mesmo para a Palestina, Cuba e Venezuela. A escola Florestan Fernandes localizada em Guararema-SP, a 100 quilômetros da capital, recebe jovens de todo o mundo.

Foi convivendo quase diariamente com membros do MST na Vigília Lula Livre, no bairro Santa Cândida em Curitiba, que pude avaliar o grau de politização dessa importante organização. Pessoas com baixo nível escolar conseguem ter clara noção da conjuntura política e histórica do país. E o envolvimento e solidariedade dos sem-terra diante dos desafios sociais.

Quando alguns maus policiais militares atearam fogo na Comunidade 29 de março, no início de 2019 na Cidade Industrial de Curitiba, em suposta perseguição a traficantes e assassinos, em gesto de solidariedade, um grupo do MST foi até ao local e ajudou a reconstruir as casas dos antigos moradores daquela favela.

Maria Antônia de Souza cita: "no contexto das novas faces da globalização, o MST redimensiona o sentido do termo *revolucionário* (o objetivo central não é a revolução, mas sim a viabilização do assentamento rural no interior do sistema capitalista e retoma discussões sobre alternativas que permitam que o assentamento se insira no processo competitivo do mercado").

Diz mais: "Exemplo disso é a produção de sementes agroecológicas de hortaliças BioNatur, desenvolvida desde 1997 por assentados da reforma agrária e agricultores familiares nos municípios de Hulha Negra e Candiota, no Rio Grande do Sul".

Completa Maria Antônia: "Outro exemplo é encontrado na diversidade de agroindústrias vinculadas o MST: laticínios, queijaria, beneficiamento de castanha de caju, café, grãos, cana de açúcar e sementes; ervateria; alambique; conservas e doces; polpa de fruas e fecularia. Os produtos oriundos da agricultura orgânica tendem a atrair os consumidores, especialmente num momento em que tanto se discute meio ambiente e saúde". Página 127.

Para fazer face ao projeto abortado de reforma agrária de Jango, a Ditadura criou o inoperante Estatuto da Terra. E criou em1970 o Incra - Instituto Nacional de Colonização e Reforma Agrária.

Noam Chomsky[5] referiu-se ao MST como "o mais importante e estimulante movimento popular do mundo". Foi uma das inúmeras celebridades que visitaram Lula na cadeia em Curitiba.

Chomsky é Professor Emérito em Linguística no Instituto de Tecnologia de Massachusetts, e teve seu nome associado à criação da gramática ge(ne)rativa transformacional. É também o autor de trabalhos fundamentais sobre as propriedades matemáticas das linguagens formais. Seus trabalhos, combinando uma abordagem matemática dos fenômenos da linguagem com uma crítica do behaviorismo, nos quais a linguagem é conceitualizada como uma propriedade inata do cérebro/mente humanos, contribuem decisivamente para a formação da psicologia cognitiva, no domínio das ciências humanas.

Além da sua investigação e ensino no âmbito da linguística, Chomsky é também conhecido pelas suas posições políticas de esquerda e pela sua crítica da política externa dos Estados Unidos. Chomsky descreve-se como um socialista libertário. Identifica-se com aquilo que é modernamente compreendido como "anarcossindicalismo", havendo também quem o associe ao anarcocomunismo ou ao comunismo de conselhos

A história dos latifúndios no Brasil poderia ter sido diferente. Os Estados Unidos – diz Fernando Henrique Cardoso – tiveram a Lei da Propriedade Rural em 1862, consagrando o princípio da distribuição desigual das terras. Já no Brasil 1% da população controlava na época do governo FHC 45% das terras cultiváveis do país.

Em seu diário do primeiro governo, MST e Ciro Gomes foram as principais dores de cabeça de FCH, conforme ele mesmo

[4] Avram Noam Chomsky (Filadélfia, 7 de dezembro de 1928) é um linguista, filósofo, sociólogo, cientista cognitivo, comentarista e ativista político norte-americano, reverenciado em âmbito acadêmico como «o pai da linguística moderna", também é uma das mais renomadas figuras no campo da filosofia analítica.

conta dia a dia nas suas anotações diárias. Ele desestimulava as ocupações previstas na Constituição, "inclusive pelo uso da força", mostrando seu lado conservador.

Segundo dados referentes ao ano de 2002, o Brasil tem o maior sistema latifundiário do planeta: dos proprietários rurais, 1,9% são donos de 5.464% das terras agricultáveis. Júlio Chiavenato, autor de *Violência no campo – o latifúndio e a reforma agraria*, analisa o assunto de forma objetiva. Em matéria de área, 74% dos latifúndios estão inexplorados.

O que você tem a ver com isso? A mídia conta que os sem-terra *invadem* a propriedade privada. O leitor médio, ou telespectador comum, zé-ninguém midiotizado, acostumado a banalização da violência e a linguagem burguesa da mídia, considera o fato normal e sem consequência para ele mesmo. Se engana completamente.

A própria palavra *invadir* mostra o lado excludente da informação por parte de quem informa (desinforma), pois a Constituição Federal[6] diz que o latifúndio (acima de 2.500 hectares) improdutivo ou cujo proprietário está inadimplente, *pode ser ocupado*, o que é diferente.

"Nosso lema é ocupar, resistir e produzir", dizem os membros do MST para quem "o capitalismo nunca foi de quem trabalha", pois seus direitos só a luta faz valer. São extremamente organizados e politizados graças aos cursos de formação.

Quem tem mensurado o número de vítimas da violência do latifúndio é o MST e a Comissão Pastoral da Terra (CPT) em conjunto com sindicatos e pesquisadores de vários institutos . Durante a Ditadura, seria impossível, pois o regime militar impedia os levantamentos em favor de empresas multinacionais e grandes proprietários.

---

[6] Constituição da República Federativa do Brasil, capítulo III, artigo 184: "Compete à União desapropriar por interesse social, para fins de reforma agraria, o imóvel que não esteja cumprindo sua função social".

"As leis brasileiras não ajudam; servem aos latifundiários", diz Chiavenato. O Judiciário por sua vez respalda ações violentas da Polícia Militar, completa o autor. Debater reforma agrária significa para a elite o risco de perder privilégios históricos.

"Uma revolução na América Latina é inevitável. Os Estados Unidos na impossibilidade de impedi-la, poderão unicamente influir em sua orientação, convertendo-se em campeões da reforma agrária no hemisfério.

Robert Kennedy

A Lei Áurea acabou com a Escravidão? Não no campo, pois o número de trabalhadores escravos aumentou 33,4% entre 1989 e 1993. Empresas como a Destilaria Debrasa em Brasilândia-MS, manteve em 1993 1.366 pessoas em regime de trabalho forçado. O mesmo se pode dizer das "61 Fazendas" em Carmo do Paraíba-MG: 4.316 pessoas, todas vigiadas por seguranças.

Fugir significa a morte, escreve Chiavenato. O trabalhador é impedido de deixar a propriedade porque sempre fica devendo no armazém. Ali são cobrados preços abusivos. É como o cachorro mordendo o próprio rabo, a conta não zera.

Sobram terras, falta vontade política. Um país miserável onde milhões passam fome, principalmente no campo. Resultado: o chamado *homem-gabiru*. Trabalhadores subnutridos e com má formação genética comprometendo as futuras gerações. Página 47.

Chiavenato tece elogios ao MST. "Eles não caminham com os pés: andam com um sonho". Em Presidente Prudente - SP, onde estão assentados, são melhores clientes em sementes, tratores e adubos do que os latifundiários.

O conluio entre latifúndio, Justiça e Polícia Federal é mostrado claramente no *imbróglio* Chico Mendes. O líder acreano havia alertado muitas vezes as autoridades sobre o risco de morte que ele mesmo corria, não sendo ouvido, foi assassinado barbaramente, conforme relata Zuenir Ventura*, com detalhes.

À frente dos seringueiros, Chico Mendes desenvolveu táticas pacíficas de resistência com as quais defendeu a Amazônia, que a partir da década de 70 sofrera acelerado processo de desmatamento para dar lugar a grandes pastagens de gado. Fazendeiros do Sul, com incentivos do governo militar, passaram a expulsar posseiros e índios para instalar rebanhos na terras devastadas pelo fogo. Página 10.

Chico Mendes – Crime e castigo

Me lembro do comentário de uma pessoa na época em que o seringalista foi morto: "Foi assassinado porque era agitador", denotando nitidamente o preconceito típico do senso-comum. Em outras palavras, seria um comunista ou um subversivo.

Não podemos aceitar que um país se torne marxista devido à irresponsabilidade de seu povo.

Henry Kissinger, a propósito da chegada de Allende ao governo no Chile.

A principal bandeira de Chico Mendes eram as Reservas Extrativistas. Eram áreas pertencentes à União como usufruto dos seringueiros, que se organizavam em cooperativas e associações, não havendo títulos de propriedade. Seriam assim sustento a milhares de famílias que trabalham nelas e forma de preservação da natureza. Página 79.

O projeto Seringueiro, em seis anos, construiu 23 escolas, sete a mais do que o município em mais de um século. A cooperativa criou em Xapuri um modelo que poderia se estender por todo o estado e por toda a Amazônia, como sonhava Chico Mendes. Página 81.

"Uma política estratégica do governo e dos grandes fazendeiros é deixar o seringueiro em total miséria, lá no meio da mata, para que ele se desestimule e venha para a cidade", disse Chico Mendes. O líder acreano lançava assim a semente na consciência dos seringueiros, a consciência da dignidade.

Conheci a antropóloga Mary Allegretti, parceira de Chico Mendes. Ela era amiga de Aroldo Murat, Editor Chefe do jornal Indústria & Comércio, onde trabalhei. Mary frequentava a Amazônia desde a década de 70, onde foi desenvolver a tese *O seringueiro: um estudo de caso num seringal nativo do Acre.*

Mary Allegretti ajudou a lançar Chico Mendes para o mundo. Foi ela quem o sustentou durante muito tempo através de bolsas que conseguia com seu prestígio internacional. Ajudou também a segurar a barra material da viúva Ilzamar e dos filhos órfãos. Página 87.

Conheço também o advogado do Instituto de Estudos da Amazônia (IEA), Genésio Natividade. Trabalhamos juntos na prefeitura de Araucária e estivemos juntos em reuniões da Rede, partido de Marina Silva em 2016.

O limite da crueldade do senhor está, pois, na passividade do escravo.

Joaquim Nabuco

A Resistência encarnada por Chico Mendes valeu a pena? Zuenir Ventura responde: "sua presença na vida e no imaginário dos acreanos não seria tão forte quanto é se ele ainda fosse vivo . Faz bem à imagem dos heróis morrer cedo. Os seringueiros dizem que foi preciso ele morrer para ocorrer os grandes avanços da causa".

Eleito em 1950, Getúlio Vargas[7] estudava a questão agrária, sabendo que não dispunha de maioria parlamentar para alargar os estreitíssimos limites estabelecidos pela Constituição em 1946.

[7] *A Era Vargas 2* – José Augusto Ribeiro

Até 1930, quando Getúlio chega ao poder mediante a Revolução, a questão social no Brasil era tida como caso de polícia e jamais como motivo para políticas públicas. Quem cuidou do assunto foram o gaúcho acima citado, além de Jango, Dilma e Lula.

Aqui tudo chega atrasado[8]. A jornada de oito horas começou no Peru em 1919; os sindicatos foram reconhecidos na Colômbia, Paraguai e Bolívia em 1930; o Chile consolidou o Código Nacional do Trabalho em 1924, México em 1929 e Venezuela em 1936.

Zé Pinto
Esse é o nosso país
Essa é a nossa bandeira
É por amor a essa pátria Brasil
Que a gente segue em fileira
A Reforma Agrária é a volta
Do agrilcultor à raiz

A música entoada pelos integrantes do MST encarna bem o nível de comprometimento que todos nós devemos ter com o futuro (e o presente) do país: a bandeira da reforma agrária. Meu avô materno era negro e a única coisa que ele sabia fazer era plantar ou lidar com galinhas e cavalos. É uma crueldade expulsar o homem do campo do seu meio natural para a cidade.

Ao me ver com o chapéu do MST na cabeça, meu vizinho evangélico parecia estar vendo fantasma. Ficou pasmado que eu 'estivesse ao lado de vagabundos', que é como se referem aos '*invasores* de terra'. É claro, essa é a opinião que a mídia lhe vendeu.

Nossa situação é bem diferente, por examplom da Nova Zelândia, onde o camponês era desde a época da colônia um homem livre,

[8] O Brasil Republicano Ordem e Progresso

conforme conta Decio Freitas[9]. Dada a abundância da terra, bastava ocupar um lote trabalhando para si e não para o dono da plantação.

[9] Escravos e senhores de escravos.

DEUS (DINHEIRO) ACIMA DE TUDO

"Uma sociedade de carneiros acaba por gerar um governo de lobos"

Victor Hugo

É fácil constatar o deus materialista: basta compulsar qualquer cédula da moeda americana (dólar), onde sempre aparece a frase «*in God we trust*" (em Deus nós confiamos). Sustentado por mídia, religião, judiciário na estrutura mais alta, impõe aos "de baixo" o ônus do trabalho a que um sábio do século XIX chamou de mais valia. O trabalhador vale mais do que recebe e está destinado a receber menos pagando mais impostos do que as classes de cima.

O cidadão comum, desconhecendo a História do seu próprio país - aquele que não sabe de onde vem e não sabe para onde vai - sem nenhuma consciência de classe, tem nos «de cima» a sua referência no imaginário. Vota, aliás, nos "de cima" porque vota em quem gostaria de ser. Esse desmerecimento, verdadeiro complexo de vira-latas, falta de autoestima, tem sua gênese histórica, no desinteresse da elite pela instrução popular, na ausência de escolas e total desinteresse na valorização da cultura.

Napoleão foi um *herói* que custou muito caro à Humanidade, graças às guerras e ao sangue derramado em torno de sua ambição. O mesmo se pode dizer de Hitler na Alemanha e no mundo. No Brasil, tivemos o caso de Jânio Quadros, suposto moralista e defensor da moral e dos bons costumes, cujo símbolo era uma vassoura para varrer a corrupção. Collor de Melo era o caçador de marajás. E agora temos Sérgio Moro, o justiceiro implacável, mauricinho e herói criado pela Rede Globo, e o capitão Bolsonaro, reativo, grosseiro, primitivo e supostamente antissistema.

> *Detesto pobre. Pobre tem que morrer.*
>
> Senador Justus Veríssimus - personagem de Chico Anísio

"*Infeliz é o povo que depende de heróis*", frase atribuída a Galileu Galilei ao comparecer diante da Inquisição para ser questionado se mantinha a teoria geocentrista ou não. Negou, claro, evitando assim a fogueira. O fato de o cidadão comum, baseado no senso-comum para explicar a política, se fundamenta na terceirização de suas escolhas. Alguém decide por ele o que é melhor, ou seja, a religião e a mídia embasam o senso-comum, de acordo com o interesse do momento.

As raízes dos nossos *heróis* atuais também têm origem logo após a Proclamação da República, segundo Laurentino Gomes[10]: muitas denominações surgiram então para homenagear os fundadores do novo regime. Praças, obeliscos, estátuas, chafarizes, escolas, etc., a partir de 1889.

Gomes "compra" a ideia do herói e sucumbe diante dos feitos dos marechais Deodoro e Floriano, realizados na Guerra do Paraguai, dando margem assim ao mito que lhes concederia o direito

[10] Laurentino Gomes - Formou-se em Jornalismo pela Universidade Federal do Paraná (UFPR). Possui pós-graduação em Administração de Empresas pela Universidade de São Paulo (USP) e fez cursos na Universidade de Cambridge, Inglaterra, e na Universidade de Vanderbilt, Estados Unidos. Trabalhou como repórter e editor para vários órgãos de comunicação do Brasil, incluindo o jornal *O Estado de S. Paulo* e a revista *Veja*.

assegurado de aposentadoria especial aos militares, bem distante dos demais mortais brasileiros. Volto a falar a respeito no capítulo "Parasitismo dos Heróis".

Tornou-se famoso como escritor graças à sua autoria do *best-seller 1808 - Como uma rainha louca, um príncipe medroso e uma corte corrupta enganaram Napoleão e mudaram a História de Portugal e do Brasil*, livro que narra a chegada da corte portuguesa ao Brasil. Em 2008, o livro recebeu o prêmio de melhor ensaio da *Academia Brasileira de Letras* e da 53ª edição do *Prêmio Jabuti de Literatura* na categoria de livro-reportagem e de «*livro do ano*" da categoria de não-ficção.

Vem de longe a depreciação do brasileiro mestiçado. Por trás de toda liberalidade que o homem branco encontrou aqui, gerando muitos bastardos dada a facilidade de acesso sexual a negras e índias sob o domínio de sua propriedade rural.

"Sangue impuro" era uma ideia comum em legislações, estatutos e crônicas da vida colonial brasileira onde a *mulatice* era considerada defeito ou impureza dando origem a impedimentos legais e estigmas. Pág. 277 de *Cultura política e leituras do passado: historiografia e ensino de história* – Martha Abreu, Rachel Soihet e Rebeca Gontijo – org.

A palavra "mulato" - nos ensina Ronaldo Conde Aguiar na sua obra *O rebelde esquecido, tempo, vida e obra de Manoel Bonfim* - deriva de "mulo" pois se acreditava que o mestiço formado do cruzamento racial entre branco e negro fosse estéril após algumas gerações, como a propósito ocorre no cruzamento de cavalo e asno, que afinal produz o mulo, incapaz de se reproduzir.

Os estereótipos dos negros são limitantes até mesmo na Literatura: Monteiro Lobato representou Tia Nastácia como trabalhadora, supersticiosa, medrosa e subserviente. Para driblar a má imagem dos pretos, a televisão entendeu de colocar uma branca (Lucélia Santos) na década de 70 para interpretar a Escrava Isaura. E na década de 60, o caucasiano Sérgio Cardoso se pintou de preto para interpretar um negro em "A Cabana do Pai Thomaz" na TV Tupi.

> *O trabalhador é representado, enquanto escravo, como um inimigo. É preciso conter a violência do escravo.*
>
> Sociólogo Fernando Henrique Cardoso

Manoel Bonfim já fazia profecia há 100 anos quando dizia que os Estados Unidos, a pretexto da Doutrina Monroe, se manteriam o vampiro da América Latina e cita também o genocídio da Guerra do Paraguai e o conflito de Canudos pelas chacinas. Como também o denunciaram mais recentemente Eduardo Galeano e Darcy Ribeiro: o genocídio de índios no Brasil e América Latina.

Bonfim já falava em sonegação de impostos há 100 anos. CPI realizada em 1993 constatou sonegação no Brasil em torno de U$ 60 bilhões, o equivalente ao PIB do Chile, Nova Zelândia ou Irlanda. A Receita Federal não tinha na época acesso a dados de megaempresários. Página 341.

Praticamente lideramos o *ranking* de impostos no mundo para pagar salários milionários a desembargadores que ganham cerca de R$ 200mil por mês. Inclusive Sérgio Moro, ainda como juiz, estaria recebendo cerca de R$ 130 mil por mês. Deixou a magistratura em troca do salário de apenas R$ 30 mil. Muito suspeito.

Premiado em vários países, o programa social Bolsa Família[11] foi muito criticado no Brasil por "promover o assistencialismo", esquecendo-se seus detratores, da Bolsa Moradia concedido a juízes, desembargadores

[11] O governo brasileiro recebeu prêmio internacional por causa do programa Bolsa Família. A Associação Internacional de Seguridade Social (ISSA) anunciou em 2013, na Suíça, o país como vencedor do I Prêmio Award for Outstanding Achievement in Social Security em reconhecimento ao sucesso do Bolsa Família no combate à pobreza e na promoção dos direitos sociais da população mais vulnerável do Brasil.

e políticos. A elite tem direitos a manter privilégios. Os de baixo não podem ter direitos às condições mínimas de sobrevivência.

Voltando à questão racial, muito a propósito essa comparação de mulato com mulo, cabe lembrar que o atual mandatário do país, Jair Bolsonaro, foi recentemente condenado pela Justiça por racismo justamente por ofensa aos negros. Em visita a determinado quilombo, o então deputado Bolsonaro disse que os moradores do local não servem para nada e são tão gordos que poderiam ser pesados tendo por base arrobas e não quilos, em alusão a animais como se assim fossem.

A sabujice de Bolsonaro tem precedentes, pois o deputado Otavio Mangabeira chegou a beijar a mão de Eisenhower quando este veio ao Brasil. O ministro do Exterior do governo Castelo Branco, Juracy Magalhães, disse nos anos 60 que tudo que fosse bom para os EUA seria bom para o Brasil.

Reza a lenda que o historiador Flavio Josefus, sendo judeu, não resistiu aos encantos dos conquistadores e, na tomada de Jerusalém e destruição do Templo de Salomão, resolveu adotar o nome de Flávio em homenagem ao general e imperador romano do mesmo nome.

Bolsonaro passou pela Academia das Agulhas Negras (Aman[12]) de onde foi expulso, sendo compulsoriamente aposentado como capitão do Exército. Sabe-se que a oficialidade da Aman recebe toda uma doutrinação de segurança nacional, baseada na defesa do país contra o comunismo: o chamado "inimigo interno". Ali a *comunistofobia* é alimentada.

Para ingressar na Academia, é necessário prestar um concurso público, que ocorre anualmete, para a Escola Preparatória de Cadetes do Exército (EsPCEx), situada na cidade paulista de Campinas.

[12] A Academia Militar das Agulhas Negras (Aman) é uma escola de ensino superior do Exército Brasileiro, situada na cidade fluminense de Resende. É a única escola formadora de Oficiais de carreira das Armas de Infantaria, Cavalaria, Artilharia, Engenharia e Comunicações, do Quadro de Material Bélico e do Serviço de Intendência do Exército.

Nessa escola, com o título de Aluno, os jovens militares entre os 17 e os 22 anos realizam um curso de um ano, após o qual ingressam na AMAN sem necessidade de prestar novo concurso público.

Libertei mil escravos. Podia ter libertado mais se eles soubessem que eram escravos.
Harriet Tubman

Geisel chama Bolsonaro de "mau militar" no livro de memórias que Maria Celina D´Araujo e Celso Castro[13] escreveram sobre o ex-presidente. O depoimento foi feito em 1993. O capitão aposentado já era então deputado.

Na verdade, a origem do tal "inimigo interno" é mais remota do que muitos supõem. José Bonifácio, o patriarca da Independência, alertava em 1823 que ele *"via um inimigo adormecido e prestes a despertar em cada escravo"*. Segundo Bonifácio, se podia esperar uma *"revolução como a de S. Domingos*", aludindo assim à independência do Haiti, quando a população negra derrotou a dominação francesa e matou a maioria dos brancos, seus então senhores[14]. Página 246.

O Haiti é o único caso de luta triunfante dos escravos na história universal da Escravidão, segundo Jacob Gorender. "O Haiti alertou também os abolicionistas moderados, para os quais a explosão incontrolável dos escravos deveria ser evitada através da emancipação pacífica e legal", completa Gorender.

Mendigos, prostitutas, moradores de rua, artífices, a gente miúda e "mal nascida" é tida como "vagabundos" como, aliás, foram chamados os recém-libertos pela princesa Isabel em 1888. Naquele momento, diante da Lei Áurea que resolvia parcialmente a sua triste

[13] Ernesto Geisel

[14] Guedes Ferreira, Roberto - *Autonomia escrava e (des) governo senhorial na cidade do Rio de Janeiro da primeira metade do século XIX - Tráfico, Cativeiro e Liberdade - Rio de Janeiro, séculos XVII-XIX.*

situação de párias de uma sociedade patriarcal, os negros se viam diante de um impasse com relação à porteira do seu antigo dono.

Ou voltavam para a fazenda para seguir trabalhando em troca de comida ou iriam para a cidade criar favelas. No Rio de Janeiro, é conhecida a história da Rocinha, onde um grupo de negros se revoltou contra as costumeiras promessas não cumpridas de brancos demagogos. Na época do Conflito de Canudos, soldados negros foram combater Antônio Conselheiro. "Na volta lhes daremos terra onde morar". Não cumpriram. Ao voltar da luta, os negros decidiram não permitir que brancos subissem o morro.

> *O Brasil é o inferno para os negros.*
>
> J. A. Antonil, Cultura e Opulência do Brasil (1711)

"Negro sujo" foi um dos insultos ouvidos por Gregório Fortunato, o Anjo Negro de Getúlio Vargas (Gegê), quando seu guarda-costas foi preso, julgado e condenado por ter ordenado o atentado que tirou a vida do major Vaz e levou a ferir na perna Carlos Lacerda.

Vários generais incentivaram o Anjo Negro a eliminar Lacerda, tido como ameaça de provocar uma guerra civil. Fortunato foi assassinado na prisão, conforme consta no livro de José Louzeiro[15]. Viveu a glória ao lado de Gegê, chegou a ter 22 ternos, era cortejado até mesmo pelos generais como intermediário para promoções dentro do Exército.

Seguidores de Lula chamados atualmente de "vagabundos" fazem lembrar o que se dizia a partir de 1888, logo após a assinatura da Lei Áurea pela Princesa Isabel. Os negros, naquele momento livres da Escravidão, mas sem ocupação regular, vagavam pelas ruas e estradas, sendo então desacatados com o insulto acima referido.

[15] O Anjo da Fidelidade

A tradução para vagabundo é a seguinte: se trabalhar como escravo, ok, tudo bem, porque se trata de um povo sem direitos, tem apenas deveres. Os direitos são para a elite. Portanto, vá trabalhar e dar lucro aos patrões.

A partir de 1888 a reação conservadora, como hoje, foi (e é) inevitável. Todos os que ficaram sem a mão de obra gratuita, a partir daí contavam as perdas e por conseguinte "o país estava a beira do precipício e da total anarquia". A culpa recaiu sobre quem assinou a lei (Princesa Isabel). Como agora, o PT é satanizado por ter criado soluções. Quem investiu no "quanto pior melhor" ganhou a parada, ou seja, a elite.

Das 773 fazendas entre Minas, Rio de Janeiro e São Paulo, 726 estavam hipotecadas[16]. Agricultores do Vale do Paraíba não tinham meios de colher a safra, e os homens livres se recusavam a trabalhar pelo sistema antigo. Como nos tempos atuais, quando se retiraram os direitos trabalhistas, falta emprego.

Num país naturalmente rico a desigualdade sempre existiu. A palavra "fome" figura justamente na letra de um dos maiores libelos contra a Ditadura e a dominação secular no Brasil - Geraldo Vandré, autor de "Para não dizer que não falei de flores", diz:

Pelos campos a fome em grandes plantações
ainda fazem da flor seu mais forte refrão
e acreditam nas flores vencendo o canhão

Vandré foi cruelmente torturado pela Ditadura Militar tendo ficado marcado e segundo alguns, bem danificado mentalmente. Pudera, o compositor denunciou a manipulação dos soldados que "nos quarteis lhe ensinam antigas lições de morrer pela pátria e viver sem razão"! Preso em 1968, justamente no ano em que "Para não dizer que não

[16] O Príncipe Maldito

falei de flores" estourou no Festival da Canção. Caetano Veloso conta que a repressão procurava para "matá-lo" e não apenas torturá-lo.

Voltando a falar sobre desigualdades. Antes dos governos petistas, dados do IBGE de 2002 dão conta de que os 10% dos brasileiros mais ricos embolsavam 45% da renda do país, enquanto os 40% mais pobres ficam com somente 9%. Isso significa que os ricos ganham 20 vezes mais do que os pobres. As causas históricas são o passado escravista e por consequência, indigente.

Já no final do segundo governo Lula era muito diferente. A economia brasileira fechou 2010 com crescimento de 7,5%, conforme revelou o Instituto Brasileiro de Geografia e Estatística (IBGE) em março de 2011. Em valores correntes, a soma de todas as riquezas produzidas pela economia no ano passado alcançou R$ 3,675 trilhões.

O PIB per capita ficou em R$ 19.016. Na comparação do IBGE com outros 16 países, o ritmo de expansão do Brasil só perde para China (10,3%) e Índia (8,6%). Supera, no entanto, a taxa de crescimento de países como Coréia do Sul (6,1%), Japão (3,9%), EUA (2,8%), e a da região da zona do euro (1,7%). *Fonte Globo.com*

"Embora a fome tenha se mantido em patamar relativamente baixo no Brasil desde o começo da década de 2010, a ameaça de crescimento do número de pessoas severamente subalimentadas é real no país. Muito por causa do desemprego e do subemprego elevados, com queda abrupta da renda das famílias, como também da estagnação econômica - após dois anos de recessão, o país voltou a crescer economicamente em 2017, mas apenas 1%.

Segundo o brasileiro José Graziano da Silva, diretor-geral da FAO, sigla em inglês do órgão da ONU (Organização das Nações Unidas) responsável pelo estímulo ao combate à fome no mundo, esse quadro poderá levar o Brasil de volta ao grupo de países em que a fome é alarmante".

O desprezo da elite pelos "de baixo" é tão grande que não seria possível esquecer o episódio do afogamento de mendigos ordenado pelo então governador da Guanabara, Carlos Lacerda, como forma de "limpar o Rio de Janeiro". O mesmo se pode dizer do episódio de Camanducaia, Minas, para onde foram enviados menores de rua, atirados num precipício. Alguns deles escaparam e denunciaram o fato. Recentemente na capital paulista, o então prefeito João Dória (PSDB) fez o mesmo com os moradores de rua debaixo dos viadutos da cidade, expulsos em dia de inverno com jatos de água.

Na Roma antiga, escravos já velhos eram mortos para se fazer sabão. Deficientes mentas e físicos (além de ciganos, homossexuais, judeus, comunistas e socialistas) foram enviados para campos de concentração por Hitler e ali mortos. No Brasil colonial, escravos velhos eram escalados para esmolar para seu dono. As jovens escravas bonitas para se prostituírem com a mesma finalidade.

Os escravos em geral não sabem ler; não precisam porém soletrar a palavra liberdade para sentir a dureza da sua condição.

Joaquim Nabuco

Como alguns seres humanos se acham mais importantes do que outros, a escravidão surgiu no momento em que "o homem é reduzido a condição de coisa, sujeito ao poder do domínio ou propriedade de um outro, é havido por morto, privado de todos os direitos, e não tem representação alguma", conforme reza o Direito Romano[17].

Ser escravo era melhor do que ser morto, uma vez que o vencedor de uma guerra, por exemplo, tinha o direito de eliminar fisicamente o inimigo. Outro fator que poderia tornar alguém servo de outro eram as dívidas.

[17] A frase latina 'Servus res, non person'. O Escravo é coisa, não gente.

Opa! Estamos agora falando sobre dinheiro! Ilação interessante essa se levarmos em conta que no Brasil a grande parte da população não tem bens materiais suficientes, ou seja, é pobre ou até mesmo miserável, o que torna o povo sujeito a algum tipo de Escravidão. O brasileiro já nasce, portanto, com uma espécie de dívida.

Jacob Gorender avalia que a questão a ser enfrentada é a do racismo no regime capitalista que domina o país. Como colônia portuguesa, e herdeiros da cultura lusa, herdamos também o racismo originário da pátria de Camões, onde no mesmo século (XVI) em que viveu o poeta, perseguiu-se judeus de "sangue impuro".

A revelação do *Intercept* sobre as comemorações dos procuradores da Lava-Jato envolvendo os dramas de Lula (mortes de Marisa, Vavá e Artur) só revelam a aversão a pobres e indigentes (aporofobia). A classe média que manifestara repulsa pelo bolsa-família e se cala diante do bolsa-moradia de juízes, desembargadores e deputados. A síndrome do senador Justus Veríssimos.

Walmor Marcellino, autor de *A Guerra Camponesa do Contestado*, cita o fato de capoeiras, vagabundos e desordeiros terem sido levados à força para trabalharem na Southern Brazil Lumber Colonization Co. O mesmo ocorreu em outras oportunidades na história como no governo Arthur Bernardes, que embarcou milhares de pessoas para a prisão no Amapá.

Contaminado pela mídia destiladora de ódio contra líderes populares, o porteiro do meu prédio comentou que "esse tal de Boulos é um criminoso, pois invade a propriedade dos outros". Quando se sabe que no Brasil existe muito mais imóveis desocupados e ociosos do que moradores de rua. Onde o ter vale mais do que o ser, tudo se justifica.

Um povo subjugado e humilhado tem o direito de se revoltar contra o tirano.

São Thomaz de Aquino

Os três séculos de Cativeiro ainda pesam até hoje sobre a sociedade. "A escravidão foi a grande ideologia brasileira. Dela nasceu uma série de preconceitos. A origem do principal deles - o racismo - não está na cor da pele, mas no conteúdo da herança dos negros: a classe oprimida que depois da abolição alienou-se como força de trabalho. Os preconceitos não ferem só a vítima: eles penetraram por meio da ideologia na própria historiografia, permeando-se também por largas parcelas da sociedade", explica Júlio José Chiavenato em *O negro no Brasil.*

Criado em 1978, o Movimento Negro Unificado (MNU) promoveu várias manifestações em 1988, ou seja, cem anos depois da Abolição. A intenção naquele momento era mudar o mais importante dia dos negros do Brasil (13 de maio) para 20 de novembro, data da morte de Zumbi dos Palmares, escolhido para ser o Dia da Consciência Negra.

O país ainda vivia a ebulição das manifestações populares que viriam culminar com a derrubada da Ditadura em 1985. Detalhe: o governo militar omitiu no Censo de 1970 a investigação sobre o quesito cor ao contrário dos Censos de 1950 e 1960[18], conforme lembra Jacob Gorender.

O regime instaurado por Castelo Branco/Costa e Silva não tolerava acintes ao patrono do Exército: Caxias. Gorender conta que em 1988[19], uma manifestação de rua foi detida nas proximidades da estátua de Caxias. O estado a serviço da repressão para manter seus mitos. Os contingentes militares eram mantidos para se reprimir os levantes escravos durante o Império.

Os governos petistas criaram cotas para os negros nas universidades, instituíram proteção social às empregadas domésticas através da Carteira de Trabalho, deram voz aos índios e homossexuais, entre outros avanços. Até então só a classe média viajava de avião, mas a

---

18 *A escravidão reabilitada*

19 O presidente já era Sarney. O comando militar do Leste, sob o ministro Leônidas, estava atento.

partir de Lula/Dilma, os aeroportos e os restaurantes se encheram, irritando a classe média e a classe alta.

"Quem abre escolas, fecha prisões", dizia Victor Hugo. Pesquisa recente demonstra que em São Paulo aumentou o investimento em presídios e menos em escolas. E quem vai para a cadeia: pretos pobres. E pior: vão privatizar os presídios.

A loucura coletiva de cobrar o direito de se conceder privilégios ao cidadão de bem, por exemplo, de portar armas no Brasil de 2019 não é novidade ao longo da história do país quando se sabe que somente tinha direito a voto no passado os "cidadãos de bem", ou seja, aqueles detentores de posses. O zé-povinho e os escravos não. Até a década de 30 apenas 3% da população brasileira tinha direito ao voto. E a mulher só teve esse privilégio a partir de 1934 com a mobilização feminista.

> *Os Estados Unidos não têm amigos, têm interesses,*
>
> Foster Dulles

O processo de desqualificação do negro no Brasil tem raízes mais antigas. O Conde de Gobineau (1816-1882) esteve no Brasil durante o período do Império e se tornou amigo de D. Pedro II. Gobineau é autor de *Ensaio sobre as desigualdades das raças humanas*. Afirmava que os negros eram a raça inferior e profetizou degeneração genética para os brasileiros em menos de 200 anos.

> *...nem um só brasileiro tem sangue puro, porque os exemplos de casamento entre brancos, índios e negros são tão disseminados que as nuances de cor são infinitas, causando uma degeneração do tipo mais detrimento tanto nas classes baixas como nas superiores.*
>
> Gobineau apud SKIDMORE, 1976, p. 46

Curiosamente, o mesmo Gobineau mesmo sendo francês é a origem do arianismo do qual se valeu Hitler para exterminar milhões de pessoas.

O ditador luso Antônio Salazar (1889-1970) disse: "Deus criou o branco e o negro; e os portugueses criaram os mestiços", ao se referir à capacidade do povo ibérico de se misturar geneticamente com outros povos nas colônias por onde passou. Acredito que nossos colonizadores ficaram bastante encantados com o que encontraram em matéria de belo sexo no Brasil, onde índias e negras puderam satisfazer seus desejos.

Morei em Portugal onde não conseguia entender porque as mulheres portuguesas carecem de um certo encanto, algo que no Brasil, a cada passo você encontra nas ruas moças e mulheres bonitas. Já no país ibérico, as mulheres lusas não têm a mesma vaidade das suas congêneres daqui, se cuidam muito pouco e fumam muito, envelhecendo assim prematuramente.

Ao voltar para o Brasil, notei que aqui muitas mocinhas são capazes de investir, por exemplo, em cílios postiços mesmo não tendo sequer dinheiro para se alimentar a contento. Já em Portugal, é o contrário, a alimentação é mais rica, mas as mulheres não se preocupam muito com os olhares masculinos e nem tampouco em se parecerem sexy.

Só mais tarde, a muito custo, fui entender que a miscigenação ocorrida no Brasil era e é o ponto diferencial com relação à beleza feminina. Quando cá chegaram em 1500, os portugueses se surpreenderam não só com a nudez das índias, mas com a maneira como se banhavam constantemente, se pintavam e usavam adereços. Nativos (as) foram descritos como "de rosto afável e bonito".

Alguns resíduos das culturas índia e negra são a imprevidência e a dissipação, a falta de amor à terra, a crença de que a salvação é obra do acaso, o que favorece o lado lúdico e a ostentação, segundo observa Clóvis Moura[20].

[20] Rebeliões da Senzala

Tais resíduos resultaram do estágio cultural primitivo em que se encontravam negros e índios. Somos gastadores que não nos preocupamos com poupança e com o amanhã, empenhados em festas, gastos e despesas desnecessárias.

A sensualidade da brasileira derivada da mulher africana é apontada pelo historiador José Alipio Goulart:

Mulata é doce de coco,
Não se come sem canela.
Camarada de bom gosto
Não pode passar sem ela

Da Palmatória ao patíbulo

Em Portugal, encontrei lusos de ambos os sexos que não tinham o costume de se banharem todos os dias e, quando ousei tomar dois banhos por dia, fui repreendido por lá os costumes não serem esses.

Durante minha permanência no país de Camões, algumas vezes em que estava no banho ou quando utilizava *demais* a energia elétrica, recebia advertência do (a) dono (a) da casa de que estava exagerando no gasto de energia. É que lá o consumo de gás e/ou energia elétrica foi privatizado. É, portanto, caro. No Capitalismo é assim, você é um consumidor, nunca um cidadão.

Causa admiração em Portugal o respeito que os motoristas têm pelo pedestre. Param para que a pessoa atravesse a via pública, ao contrário daqui, onde atropelar gente na rua é comum. Está explicado: num país onde mal se tem o que comer, possuir carro significa possuir status de ser melhor.

FEIOS COMO MACACOS

Se alguém deve ser indenizado,
indenizem os escravos.

Rui Barbosa, quando ordenou a destruição
de todos os arquivos no Brasil, após a Abolição

Voltando a Gobineau, amigo de D. Pedro II, aquele escritor francês chegou a afirmar que "todo mundo é feito, aqui, mas incrivelmente feio; como macacos" (ibidem p. 47). O que nos remete à nossa tradicional rivalidade futebolística entre Brasil x Argentina na década de 40 quando um jornal portenho ironizou nossos jogadores negros comparando-os com *macaquitos.*

"Da sociedade escravocrata e dessa crença - escreve Chiavenatto - nasceu uma ideologia que deturpou a crítica social e deixou vícios culturais que justificam ainda hoje as injustiças sofridas por negros e pobres. Mesmo os que defenderam o negro foram vítimas dessas sequelas e sem atinar com as verdadeiras causas do atraso brasileiro, explicaram-no por uma hipotética inferioridade racial 'do povo" e não do sistema escravista". Página 153. *O Negro no Brasil.*

Nina Rodrigues, Sílvio Romero e Gustavo Barroso se tornariam a seguir no início do século XX os grandes ideólogos e defensores do branqueamento da população brasileira. Com o risco de degeneração desse povo moreno é que no século XIX se trouxeram os imigrantes brancos da Europa.

O próprio Joaquim Nabuco, negro e abolicionista, teria sido pioneiro do branqueamento seguido por Rui Barbosa, Melo Franco e Euclides da Cunha. Outro abolicionista negro, José do Patrocínio, "sentia-se branco". Chiavenato, página 154.

Em 2017 o jornalista Wiliam Waack foi demitido da Rede Globo sob acusação de racismo. Uma amiga que foi repórter daquela emissora me contou ter presenciado uma cena na redação da mesma televisão quando lá trabalhavam ela (Ligia Girão), o próprio Waack e Zileide Silva. A certa altura, durante bate-boca, Wiliam Waack mandou a repórter Zileide Silva ficar quieta: "Cala a boca, negrinha".

"Isso é programa de índio". Frase que denota o desprezo pela cultura dos povos originários. Os negros são a maioria nas favelas e também entre a população carcerária. Notícia policial em geral envolve alguma acusação contra negros. Marielle Franco era negra.

O desprezo por índios e negros era e é tão patente que a própria igreja Católica endossava a Escravidão, mantendo escravos nas igrejas. Sob o pretexto de catequese e cristianização das duas etnias acima expostas, padres e bispos os sujeitaram a todo tipo de humilhação ou permitindo ao branco colonizar negros e índios com brutalidade como forma de fazer "corretivos em nome da civilização e para a salvação da alma dos infelizes".

MORO DOS ANOS 50 E 60

"Eu escrevo como se fosse para salvar a vida de alguém"

Clarice Lispector

Carlos Frederico Lacerda, governador da Guanabara (1960-1965) daria um capítulo a parte devido a sua história infeliz. O pai dele foi um deputado combativo e progressista, chegando inclusive a defender bandeiras feministas nas primeiras décadas do século passado. O próprio nome do filho homenageia dois ilustres revolucionários dos oitocentos: Karl (Carlos) Marx e Friedrich (Frederico) Engels.

O jovem Carlos Frederico chegou a ser comunista na juventude, mas depois bandeou-se para a Direita. Combateu Getúlio, Juscelino e Jango. Participou da Frente Ampla formada juntamente com Juscelino e Jango, como reação à Ditadura, que impediu sua candidatura à Presidência da República. Lacerda foi preso em 1968.

"Uma lágrima correu dos olhos dele", conta João Vicente Goulart, filho do ex-presidente, ao falar sobre Carlos Lacerda, que procurou seu pai, Jango, no Uruguai para formar a Frente Ampla. Batizado na época como "Corvo" e mais tarde como "Coveiro de Getúlio", se arrependeu. Era tarde demais.

Nos anos dourados, por ter defendido os interesses dos Estados Unidos no Brasil, foi homenageado por uma universidade americana como "defensor da Democracia" quando na verdade opunha-se à criação da Petrobras e da Eletrobras. Recentemente ocorreram casos semelhantes com Sergio Moro, continuamente chamado aos EUA para receber prêmios.

Preso e maltratado pela Ditadura que ele mesmo havia ajudado a criar em 1964, Lacerda comentou em suas memórias ditadas em 1977, que nos EUA alguém havia lamentado sua detenção no Brasil. Ficou nisso. O Tio Sam não enviou nenhum diplomata para soltar seu fiel servidor. O mesmo poderá acontecer com Sérgio Moro, quando não for mais útil ao sistema.

Quando tentou botar as mangas de fora durante o Governo Geisel, um dos áulicos do Palácio do Planalto recomendou que Lacerda fosse calado como jornalista feroz que sempre foi, conforme conta Élio Gasperi em *A Ditadura Escancarada.* Em 1977, no Rio de Janeiro, Lacerda com apendicite deu entrada numa clínica e saiu de lá morto.

Quando comentei com alguém do círculo familiar sobre a situação do Haiti, cuja população negra se revoltou contra o dominador branco e na época foi boicotado pelo comércio internacional, a exemplo do que ocorre com Venezuela e Cuba, esse meu parente respondeu de que "esse custo saiu muito caro", demonstrando a sua desinformação.

Simon Bolivar é o autor da frase *"maldito é o soldado que atira em seu próprio povo"*, mote que jamais foi seguido no Brasil, onde o suposto herói Duque de Caxias perseguiu negros. Floriano Peixoto determinou implacável repressão à revolta na Ilha do Desterro, hoje Florianópolis. E na Ditadura de 64 a violência contra subversivos foi de grande virulência.

Os idiotas vão dominar o mundo. Eles são muitos.

Nelson Rodrigues

Enquanto que na Argentina ditadores como Jorge Videla (1976-1980) foram julgados e punidos, no Brasil generais-presidentes ganharam nome de rodovia (Castelo Branco) ou cidades (Presidente Médici) em Rondônia ou ponte (Costa e Silva). Mesmo em minha terra natal, Raul Soares, o chamado Jardim Novo ostenta os bustos de Castelo Branco e Costa e Silva. Somos um povo que prefere homenagear seus próprios carrascos.

Saí do interior de Minas, morei ironicamente em Cascavel, berço do MST, que só agora aprendi a admirar, e vim morar em Curitiba, cursando Comunicação Social na UFPR e ao mesmo tempo trabalhando num jornal conservador (Gazeta do Povo), de sustentáculo da Ditadura. Não sabíamos, na verdade, qual papel desempenhávamos ali. Na época, a simples menção a Marxismo e Comunismo era satanizada.

O secretário de redação da Gazeta, Antônio D´Aquino Borges, negro, ironizava os movimentos de resistência taxando os militantes de "vermelhinhos" e com relação aos movimentos de independência da África, D´Aquino dizia que era apenas "briga de negrinhos".

Quando estudantes hostilizaram Kissinger, então em visita ao Brasil, durante o governo Geisel, D´Aquino argumentou que "os jovens estão equivocados, pois o governo dos Estados Unidos é amigo do Brasil". E com relação às críticas de Prestes à Ditadura, o mesmo secretário da Gazeta acreditava na ocasião que "Prestes difama[21] o Brasil no exterior".

D´Aquino Borges era contra as greves do ABC nos anos 80 porque "os metalúrgicos já são bem remunerados, têm eletrodomésticos, etc.", conforme dizia na época. Eu próprio não lamentei

[21] O general Heleno disse que Dilma Rousseff denigre o Brasil no exterior. Joaquim Nabuco no século XIX foi acusado de denegrir o Brasil no exterior ao denunciar a Escravidão.

a prisão de Lula, líder do movimento paredista. Confesso que só votei no presidente petista em 2006, portanto na segunda eleição do ex-metalúrgico.

O dono do jornal, Francisco Cunha Pereira Filho, filho de um desembargador, amicíssimo do então governador Ney Braga, do qual era conterrâneo, ambos da Lapa, contava a todos os visitantes que o procuravam (ele então um dos grandes notáveis do Paraná), que na juventude havia contribuído para "educar os operários". Braga foi governador do Paraná de 1961-1965 e de 1979-1982.

Nada mais perigoso que a influência dos interesses privados nos negócios públicos.

Rousseau

Década de 70, dois jovens caminham sob o inverno curitibano na Praça Santos Andrade, em Curitiba, rumo à Reitoria da UFPR. Ali, estudávamos eu e o agora escritor de *best sellers*, Laurentino Gomes, ambos quase calouros ainda no curso de Comunicação Social, como eu mesmo naquele momento.

Ainda analfabeto político, comentava com Laurentino sobre o movimento estudantil de contestação à Ditadura: "São inocentes úteis", dizia eu, afirmação com a qual concordava na época Laurentino, então repórter de *O Estado do Paraná*. Eu trabalhava no noticiário Internacional da *Gazeta do Povo*.

Reencontrei Laurentino Gomes em setembro de 2019, quando o escritor veio a Curitiba lançar o livro *Escravidão volume I*. Já não éramos mais os jovens da década de 70, mas dois sexagenários. A princípio não me reconheceu.

Outro com quem trabalhei na Gazeta foi Almir de Lara (editor de Economia), citado pelo relatório da Comissão da Verdade do

Paraná. Lara havia relançado em 1975 o jornal *O Dia* em três edições, tratando de reportagens sobre o governo Pinochet. Em 25 de junho daquele ano, o jornal noticiou a lista de 59 desaparecidos políticos chilenos dados como mortos em confronto com a polícia argentina.

Lá se dizia "terroristas chilenos mortos na Argentina", o que fez a Comissão da Verdade concluir que a informação foi plantada com a versão sobre o desaparecimento dos chilenos, na verdade, assassinados. A Comissão acredita que a reportagem é prova intencional ou não de colaboração do veículo com a chamada *Operação Colombo*, revelando a participação de membros da sociedade civil do Paraná, mormente da imprensa, com a repressão no Cone Sul durante a Ditadura.

Almir de Lara dizia manter "excelente relacionamento com Delfim Neto", ministro da Ditadura, o que possivelmente o ajudou a obter a participação em reuniões do FMI na Europa e foi convocado para ser estágio na União Econômica Europeia em Bruxelas.

O diretor do curso de Jornalismo da UFPR (como disse, onde estudávamos eu e Laurentino Gomes) era o professor Danilo Cortes, assumido *dedo duro* a serviço da Ditadura. Além de Danilo, os professores Roberto Novaes e Airton Baptista também haviam sido premiados pelo sistema, que os instalou como professores da Federal, por terem tomado atitudes pró-Direita nos jornais em que trabalharam. Todos os três são citados na minha monografia *Jornalistas de Esquerda em Curitiba durante a Ditadura – 1964-1985.*

A palavra cabouco, segundo Luccock, seria corruptela de cala a boca, conforme lembrado por José Alipio Goulart em *Da Palmatória ao Patíbulo.*

Ainda estudante do segundo grau em Cascavel, o Colégio Wilson Jofre, onde eu estudava, nos levou a uma apresentação que oficiais do Exército realizaram no Clube Tuiuti em 1973. Vivíamos no momento o *boom* do Brasil Grande, comandado pelo general do momento, Garrastazu Médici. Os oficiais, todos bem vestidos nos seus uniformes verde-oliva, mostravam orgulhosos *slides* sobre a Transamazônia.

O sagrado dinheiro arrecadado da Previdência Social foi encaminhado para Transamazônica, Itaipu e Ponte Rio Niterói. Até mesmo para a construção de Brasília. A Transamazônica virou caminho das onças, isto é, vai do Nada a Coisa Alguma. Tal é a capacidade de alguns homens públicos: vivem numa bolha de ufanismo.

Os militares devem empunhar suas espadas para defender as garantias sociais.

Bolívar

Era o "Brasil que vai pra frente", projeto megalomaníaco da bolha do crescimento, onde as obras faraônicas como a Ponte Rio Niterói e Transamazônia estavam presentes no imaginário nacional. Médici, ao chegar em casa após dia de trabalho estafante, se desmanchava de prazer na frente da televisão, onde Cid Moreira anunciava diariamente no Jornal Nacional as grandezas do regime.

Na década seguinte, nos anos 80, foi justamente em Cascavel onde surgiu o MST devido ao alagamento de terras de pequenos proprietários e aldeias indígenas atingidas pela barragem de Itaipu. Muitos índios morreram de fome, conforme apurou a Comissão da Verdade.

Proveniente de Cascavel, desembarquei em Curitiba em 1974 para fazer os estudos preparatórios para o vestibular da Federal. Na época eu era praticante de Judô. Fui treinar na Academia Budokan, onde meu adversário no tatame foi o campeão paranaense Henrique Manso.

Só anos depois tomei conhecimento de que Henrique é filho de Ildeu Manso, preso político torturado pela Ditadura. Um dos irmãos de Henrique, Ildeu Júnior, não consegue evitar a dor quando passa pela Praça Rui Barbosa. Ali atualmente funciona a Rua da Cidadania. Antes era um dos quartéis do Exército, onde o pai dos dois foi torturado nos anos 70.

CHACINA EM PORECATU

> *Até hoje pensava-se que a formação dos mitos cristãos do Império Romano só havia sido possível porque a imprensa ainda não tinha sido inventada. Hoje a imprensa fabrica mais mitos do que aqueles que se criavam há um século".*
>
> *Karl Marx.*

A história de Ney Braga, governador do Paraná por duas vezes nas décadas 60 e 70, ainda não sei se está realmente bem contada. O jornalista Marcelo Oikawa escreveu um livro sobre a guerrilha de Porecatu, onde Ney Braga teria desempenhado papel importante na repressão: ali foram dizimados pequenos produtores beneficiados por infrutífera tentativa de reforma agrária criada por Getúlio Vargas nos anos 40 e 50.

Conta Marcelo Oikawa interessante episódio envolvendo um tenente da PM, João André Paredes. Tal militar teria cometido as maiores barbaridades contra mulheres e crianças dos agricultores assentados em Porecatu. Mais tarde, os posseiros "acertam as contas" com o agrupamento militar, quando então o tenente deixou seus homens e desertou, voltando a Curitiba, onde foi destituído do comando. Em 1960-61, o já coronel da PM João André Paredes se tornava chefe do Gabinete Militar do governo do Paraná.

Além do torturador Fleury e o Coronel Curió, premiados pela Ditadura, outro que obteve a proteção do Exército foi o capitão Machado, seriamente ferido pelo acidente do Riocentro. O oficial se encontrava em missão no local para provocar um 'acidente' onde morreriam milhares de pessoas. Os militares colocariam a culpa na Esquerda para naquele momento atrapalhar a abertura política promovida por Figueiredo.

O caso correu mal e o capitão Machado, dilacerado pela bomba que explodiu no seu colo, encontrou pela frente Andrea Neves, irmã de Aécio Neves. Coincidência ou não, com esse episódio, os Neves estão implicados em dois grandes desastres da História do Brasil: o Riocentro e a queda da Dilma.

O show do Riocentro, em homenagem aos trabalhadores, era coordenado pelo compositor Chico Buarque. E tinha entre os presentes o coronel Vasco, que havia participado da Revolução dos Cravos em 25 de abril de 1974 e que derrubou o Salazarismo em Portugal.

Ao tomar conhecimento do atentado, Chico Buarque disse ao coronel Vasco: "É o fim", desolado. Essa informação obtive de viva voz do próprio Vasco em Lisboa. Foi somente quando fui fazer um curso de pós-graduação[22] em História e pesquisei, é que vim a entender o golpe (e não "Revolução" como nos venderam). Aliás, "vender" é uma característica do Capitalismo. A palavra marketing significa "mercado em ação". Em suma, tudo se resume em vender, vender e obter lucro.

Milton Ivan Heller foi um dos jornalistas perseguidos pela Ditadura, citados em minha monografia. Findo o regime militar, ele se prontificou a pesquisar os horrores do período negro da História. "Me expulsaram das repartições públicas como se expulsa um cão", recordava ele. Até onde estou sabendo, poucas pessoas compareceram ao velório desse D. Quixote curitibano, autor de vários livros sobre causas progressistas.

[22] Jornalistas de Curitiba durante a Ditadura - 1964-1985.

Milton Ivan Heller morreu em 23 de março de 2017. Autor de Conspiração Nazista nos Céus da América, Memórias de 1964 no Paraná, A CIA e a Quartelada, Os Crimes Hediondos da Ditadura, O Prisioneiro da Cela 310, entre outros.

Quando falo aqui sobre os problemas da Ditadura, não me refiro apenas aos crimes de mortes cometidos por cada um deles (Castelo Branco, Costa e Silva, Médici, Geisel e Figueiredo) mas também aos crimes contra a Democracia, como evitar as reformas agrária, bancária, urbana e eleitoral além de proteger e incentivar a formação de fortunas da burguesia.

Barraram assim qualquer tentativa de progresso de baixo para cima. Facilitam a exploração do ser humano, a prostituição, o tráfico de drogas, a falta de escolas, a extinção indígena, etc.

"*Desinformação é a matéria-prima de todos os golpes*" - frase de Leonel Brizola (1922-2006), que foi governador do Rio Grande do Sul (1958-1960) e do Rio de Janeiro (1983-1987). Basta ver a grade de programação da Rede Globo onde há quatro telenovelas e quatro noticiários diários justamente para distrair (4 novelas) e distorcer/mentir (4 programas de telejornalismo) as crenças do seu público passivo.

Se a Globo for a favor, somos contra. Se a Globo for contra, somos a favor.
Leonel Brizola

Brizola foi governador gaúcho no fim dos anos 50, quando construiu quase 6 mil escolas. Liderou a Campanha da Legalidade em 1961 para garantir a Jango seu legítimo mandato. Amargou 15 anos de exílio. Voltou ao Brasil, perdeu a legenda do PTB para Ivete Vargas graças à interferência da Ditadura. Foi governador do Rio de Janeiro e inovou com os CIEPS.

Promover a inclusão valeu a Brizola[23] 15 atentados e sempre conseguiu escapar. O sistema não perdoa quem faz inclusão, como o ocorrido com Sócrates, Jesus, Joana D´arc, Galileu, Gandhi, Luther King, Chico Mendes, Mandela entre outros.

Como governador, tornou-se proeminente por suas políticas sociais e por promover a Campanha da Legalidade, em defesa da democracia e da posse de Goulart como presidente. Em 1962, transferiu seu domicílio eleitoral para a Guanabara, estado pelo qual elegeu-se deputado federal. Durante o governo de Goulart, este e Brizola mantiveram uma relação tumultuada, mas uniram-se novamente antes do golpe militar de 1964. Depois que suas propostas de resistência não foram bem-sucedidas, Brizola exilou-se no Uruguai.

Voltou ao Brasil em 1979, depois de um exílio de quinze anos no Uruguai, nos Estados Unidos e em Portugal. No mesmo ano, fundou e presidiu o Partido Democrático Trabalhista, um partido social-democrata. Em 1982, foi eleito governador do Rio de Janeiro, iniciando um programa de construção dos Centros Integrados de Educação Pública. Na eleição presidencial de 1989, por pouco não foi para o segundo turno. Um ano depois, voltou a governar o Rio de Janeiro, sendo eleito no primeiro turno. Faleceu, em 2004, vítima de um infarto agudo do miocárdio.Como governador gaúcho, Brizola ergueu 5.902 escolas primárias278 escolas técnicas, 131 ginásios, colégios e escolas normais, totalizando 6.301 novos estabelecimentos de ensino. Contratou 42.153 professores.

---

23 Leonel de Moura Brizola Carazinho, 22 de janeiro de 1922 — Rio de Janeiro, 21 de junho de 2004) foi um engenheiro civil e político brasileiro. Considerado um líder da esquerda e um político nacionalista, foi governador do Rio de Janeiro e do Rio Grande do Sul, sendo o único político eleito pelo povo para governar dois estados diferentes em toda a história do Brasil. Em um evento político, conheceu Neusa Goulart, irmã do também político João Goulart, com a qual se casou em 1950 e teve três filhos.

Assim como adepto recorre à religião como muleta para se apoiar, terceirizando suas escolhas, o midiatizado acolhe passivamente as opiniões da Globo desconhecendo que "90% são opiniões, 10% são os fatos". Dá menos trabalho sentar-se no sofá confortável do que pesquisar em livros. A palavra "livro" vem de "livre". Construir a própria liberdade é cansativo.

A FRAUDE ELEITORAL

Ninguém respeita a Constituição mas
todos acreditam no futuro da nação.

Trecho da letra de *Que país é esse*, da Legião Urbana

Tive a oportunidade de ler o volumoso livro de memórias de Joseph Goebbels, o ministro de Propaganda de Hitler. O "*Führer*" para o ministro era um deus, tanto que morreu junto com esse messias, não sem ter dado antes para esposa e filhos o veneno que os mataria a todos. Alguma semelhança com o Brasil atual?

Goebbels era uma pessoa mentalmente doente, mas muito esperta por entender a fraqueza da mentalidade humana, facilmente manipulável. "*A mentira constantemente repetida se torna verdade*" era o lema da propaganda nazista.

A partir de 2014, as multidões vestidas de amarelo que acorreram às ruas para pedir intervenção militar, os gritos de morte a dona Marisa Letícia, a perseguição a qualquer pessoa vestida de vermelho, a morte de homossexuais entre outras barbaridades guarda semelhanças com a Alemanha Nazista, sedenta de sangue, onde a simples presença de um judeu era motivo para linchamento. A mentira repetida virou verdade.

Impedida a presidenta honesta sob o pretexto das pedaladas fiscais, tratava-se até as eleições de criminalizar e afastar Lula, franco-favorito, das eleições de 2018. Isso foi feito mediante processos espúrios. O tríplex do Guarujá que nunca pertenceu ao ex-presidente e também a farsa do sítio, que apenas foi frequentado pelo petista. A Constituição[24] foi ignorada no caso das condenações de Lula.

Definidos os dois candidatos para o segundo turno, a Folha de S. Paulo revelou o escândalo do caixa 2, no qual figuravam grandes empresas do Brasil, destacando-se ali o chamado Velho da Havan, Luciano Hang e no Paraná, Joenir Zonta, dono da rede de supermercados Condor.

Descendente de italianos, o garoto pobre Joenir Zonta amassou lama com os pés descalços no bairro Umbará (que teria origem em "um barral), mas depois prosperou e criou um império na área de supermercados. Seduzido pela onda conservadora, Zonta é acusado pela Folha de ter patrocinado Bolsonaro. O Condor estaria agora fornecendo alimentos para o improvisado restaurante da resistência Lula Livre no bairro Santa Cândida, em Curitiba.

O dinheiro do caixa 2, é claro, beneficiou a candidatura 17 que, segundo se comenta, teve também pesados investimentos dos Estados Unidos, Israel e Taiwan. Eleito, o novo presidente foi lamber as botas de Trump, em postura nunca antes tão servil em nossa história. Está pagando a conta de campanha.

> *Todos são iguais perante a lei.*
>
> Art. 5º da Constituição Federal

Antes de serem divulgados os resultados do segundo turno, todos estávamos muito preocupados, mas esperançosos de que

[24] O princípio da presunção da inocência é um princípio jurídico de ordem constitucional, aplicado ao direito penal, que estabelece o estado de inocência como regra em relação ao acusado da prática de infração.

Haddad vencesse. À noite veio a confirmação da vitória do candidato do PSL. Ocorreu a seguir o foguetório a exemplo do que houve em 2016, quando o Senado confirmou a deposição da presidenta Dilma.

"Festejam a sua própria desgraça", pensei. Os dias seguintes foram muito pesados. Visitei a Vigília Lula Livre e o clima era de velório. Com 100% da apuração das urnas, Jair Bolsonaro (PSL) obteve 55,13% dos votos válidos, conquistando 57.796.986 votos. Fernando Haddad (PT) teve 44,87% dos votos, o equivalente a 47.038.963 votos. Percentual de voto nulo é o maior desde 1989; soma de abstenções, nulos e brancos passa de 30%.

O vencedor com uma legitimidade no mínimo questionável, com o nome composto com a palavra Messias, se julga um predestinado. Não é o único: Hitler também assim achava. Trabalhei na fiscalização do pleito durante o segundo turno das eleições de 2018; o clima estava muito pesado.

A elite queria o tucano Geraldo Alckmin, quatro vezes governador de São Paulo. Mas o ovo da serpente, o ódio gerado pela Globo, chocou e deu à luz Bolsonaro. O voto depositado na urna gerou um monstro, não esperado pela própria elite. Materializou aquilo que Vilfredo Pareto chama de teoria das elites. Substituir uma peça pela outra; a minoria segue comandando a maioria mesmo com o inesperado.

Teve também o lance suspeitíssimo do "atentado" de Juiz de Fora. O episódio da misteriosa facada desferida por Adélio Bispo é pitoresco. Não houve sangue e ninguém viu de perto a tal faca. O autor do *atentado*, que havia frequentado com os filhos de Bolsonaro aulas de tiro, de origem humilde, teve logo vários advogados para o defender. Meses depois a vítima, Bolsonaro, nada fez para pedir a condenação de Adélio, quando poderia fazê-lo.

Longe de envergar a toga dos puros, o que justificaria a origem da palavra candidato (candidus[25]) Bolsonaro está incluído em vários escândalos de corrupção como a Lista de Furnas, dinheiro da JBS, ter recebido auxílio-moradia, o Escândalo Queiroz/Flávio/Michele, e o pior, agora acumulando rendimentos como capitão reformado, deputado e presidente da República.

Levantamento realizado na história da família Bolsonaro chegou à conclusão de que mais de 100 pessoas foram contratadas no serviço público, o que caracteriza nepotismo. Imaginou se acontecesse algo parecido com a família Lula?

Aquele que não gosta de política será governado por quem gosta

Platão

As *coincidências* se sucedem. Curiosamente, Hitler nasceu em 1889, ano em que aqui no Brasil uma quartelada criou a República. Marxismo e Judaísmo são seus inimigos. Seu Deus elitista, seletivo e excludente, cobra-lhe a limpeza étnica em favor da pureza racial.

Hitler, além de demagogo e cruel, era também ladrão: mandou invadir e roubar o ouro dos países vizinhos, o que lhe garantiu recursos para prosseguir a guerra por mais tempo.

[25] Candidus - A palavra "CANDIDATO" vem do latim "candidatus", isto é, vestido de branco (candidus). Na antiguidade, aquele que disputava um cargo público e precisava angariar votos, vestia-se de branco para simbolizar sua pureza. No dicionário: cândido, candidez, candura, candor – significado: puro, sincero, inocente. Ela vem, portanto, de 'cândido', puro... algo em que podemos confiar cegamente. Na Roma Antiga, os candidatos a cargos eletivos vestiam uma toga branca como forma de identificá-los e diferenciá-los dos demais cidadãos romanos. Por que os candidatos vestiam a toga de cor branca e não de outra cor qualquer? Eis aí a questão fundamental! A palavra candidato, como já vimos, vem do latim "candidatus", que significa aquele que veste roupa branca. Quer dizer: em sua origem, a palavra dá ideia de pureza, de brancura, de honestidade, isto é, para candidatar-se a um cargo eletivo, o cidadão precisava ser candidatus, ou seja, vestir-se de branco, como símbolo de sua idoneidade moral, para ser eleito.

Qualquer semelhança entre Hitler/Bolsonaro não é mera coincidência. Para o alemão, só há uma raça superior: a ariana. Para o brasileiro só "nós da elite podemos ter direitos humanos". A *famiglia* está acima da lei: veja-se o caso Queiroz, os laranjas do PSL, etc.

Hitler odiava os mestiços, chegando a dizer que seria fácil dominar o Brasil porque aqui há grande mistura racial. "São fracos". Tal qual Bolsonaro, Hitler prega em *Mein Kampf* um estado anti-igualitário, hierárquico e corporativo. Mas atenção: o alemão era nacionalista, o brasileiro não: está entregando todo o nosso patrimônio público a empresas estrangeiras.

A palavra "judeu" é citada 373 vezes em *Mein Kampf*. O livro tornou o autor rico, pois vendeu 12 milhões de exemplares, tornando a Hitler a opção até mesmo de renunciar ao salário de chanceler quando lá chegou em 1933.

O que teria levado um capitão obscuro e sua família a acumular fortuna a ponto de contar em seu patrimônio com vários imóveis em tão pouco tempo? Bolsonaro chegou a ser desalojado da Vila Militar, onde morava, mesmo depois de ter sido expulso do Exército.

Que feitiço teria Bolsonaro a ponto de ser eleito vereador e depois sete vezes como deputado, sendo tão chulo e nada (ou muito) ter oferecido aos eleitores? Faz lembrar Chacrinha[26], que dizia: "Não vim para explicar, vim para confundir".

Embora o mal prospere, tem prazo de validade para acabar. Senão vejamos: consta que ao lado do cadáver de Hitler, no bunker em Berlim, foi encontrado o seu testamento em que o poderoso Führer seria supostamente o fundador de um estado de mil anos. Ali, em manuscrito de autoria do próprio ditador, ele confessava que não teria tido interesse em iniciar a guerra em 1939. Uma tentativa tardia de se justificar.

[26] Animador de televisão caracterizado por roupas extravagantes, morto em 1988.

Propaganda não deve ter compromisso com a verdade, mas sim com o convencimento da opinião pública.

Mein Kampf

Acredito que naquele momento de stress, encurralado e sabendo que seu destino seria o pior possível, o lado criança de Hitler aflorou e estava arrependido. Fernando Collor penou amargamente o processo de impedimento. Emagreceu e entrou em depressão.

Os malfeitores se unem em objetivo comum até que surgem as divergências. É o que se verifica agora entre Bolsonaro e Moro, ambos ligados pela simbiose da fraude eleitoral que levou o primeiro a ser presidente da República.

Finda a guerra, destroçada a Alemanha a mando do próprio Führer (não deixar nada para os russos), os historiadores culparam Hitler pela desgraça que se abateu sobre o país. A população se considerou vítima e não protagonista[27]. Como? Pois não foi o povo que elegeu o louco? Aqui também o capitão foi eleito pelo voto popular.

Aqui também temos um aloprado no poder, com ganas de destruir tudo o que encontra pela frente, alguém que se refere a marginais "como baratas que estão destinadas a morrer". Sem falar nos crimes de lesa-pátria, entregando nossas riquezas aos estrangeiros.

Finda a guerra, contando mortos, feridos e prejuízos materiais, chegaria ali a hora de reflexão: um estudo[28] realizado pelos americanos em 1945 indica que 70% dos entrevistados recusaram a ideia de alguma responsabilidade pessoal. Como?

Sabe-se que na sequência muitos alemães se sentiram envergonhados de terem dado carta branca para um maníaco como Hitler.

---

[27] *Mein Kampf*: a história do livro

[28] *Mein Kampf*: a história do livro

Chegará fatalmente a hora em que no Brasil farão o mesmo em relação a Bolsonaro e a própria Lava-Jato.

O alemão era erudito. Antes de falar com qualquer especialista, seja ele militar, engenheiro ou arquiteto, Hitler lia várias obras sobre o assunto e, pasmem, surpreendia o especialista ao se adiantar sobre o tema. Já Bolsonaro, mal sabe falar, erra constantemente as palavras e comete mancadas.

"A questão étnica oferecia a chave de toda a história humana, pois a desigualdade étnica era original e permanente". O livro de Gobineau, *Ensaio sobre a Desigualdade das Raças Humanas*, inspirado no arianismo que a ideologia pusera em moda, foi o livro fundamental para Hitler. Ali no século XIX, portanto, surgiu a origem do pangermanismo.

"Os arianos, filhos de Jafé, e entre estes, ao ramo pangermânico, que permanecera sem mistura, enquanto os outros ramos cela e eslavo se haviam mestiçado de amarelo. Os germanos, raça nobre por excelência, depositários autênticos da superioridade branca, tinham conquistado o Império Romano. Mas devido à mestiçagem, caminhava para a decadência.

O fundamental para o Fascismo não é ter maioria, é ter o inimigo na pauta.
Jornalista Breno Altmann

Hitler foi beber na fonte do racismo em Gobineau e possivelmente em Vaccher Lapouge, autor de *O ariano e seu papel social* e Houston Chamberlain, autor de *Sessões do Século XIX*. A doutrina nacional-socialista da raça, exposta em *Mein Kampf*, teria ali sua origem.

Ao utilizar o microfone da tribuna no plenário da Câmara, ainda como deputado, o atual mandatário brasileiro chegou a dizer que seu avô havia sido soldado de Hitler. Como se tal argumento o tornasse importante e não uma vergonha, como é.

Os nazistas passaram a utilizar *Os Protocolos dos Sábios de Sião*[29] como embasamento para sua propaganda antissionista. No Brasil, a onda antipetista utilizou, por exemplo, bandeiras como a escola sem partido, ou ideologia de gênero, mensalão e petróleo, como pretextos.

O jornal The Times revelou em um artigo de 1921, escrito pelo jornalista Philip Graves, que o texto era uma falsificação que apresentava diversas passagens plagiadas de Diálogo no Inferno entre Maquiavel e Montesquieu, obra satírica do escritor francês Maurice Joly.

Os alemães foram humilhados no fim da I Guerra Mundial (1914-18) pelo Tratado de Versalhes. Padeciam de desemprego, fome, inflação. Viviam "a raiva patriótica, o ódio cívico, a sede de vingança e transformação e pela necessidade furiosa de uma miragem" (página 422 de *As Grandes Obras Políticas*).

O líder fanático do momento naquela Alemanha ferida, escrevia na prisão o livro-bomba de vingança contra as ofensas que o povo vivia no pós-guerra. Era uma Bíblia de ódio, um Corão frenético, o novo evangelho político. A princípio Hitler foi tido como megalomaníaco, provocava risadas.

Aqui no Brasil também as declarações do ex-capitão eram vistas como absurdas. Sua homenagem ao crime hediondo ao fazer menção ao coronel Ustra durante a votação do *impeachment* foi algo surreal. Ali por 2013, durante um dos programas do Jô Soares, este apontava já na época 13% de preferência de votos para Bolsonaro, o que o então apresentador da Globo já considerava "muito alto".

---

[29] Os Protocolos dos Sábios de Sião ou Os Protocolos de Sião (russo:"Протоколы Сионских мудрецов" ou "Сионские Протоколы"), é um texto antissemita que descreve um alegado projeto de conspiração por parte dos judeus e maçons de modo a atingirem a «dominação mundial através da destruição do mundo ocidental". O texto foi criado na época da Rússia czarista e foi traduzido, após a Revolução Russa de 1917, do russo para vários outros idiomas. De acordo com o Museu Memorial do Holocausto dos Estados Unidos, o texto influenciou o nazismo e permanece em circulação até os dias atuais, sobretudo na internet.

"Começava na Alemanha uma psicose, verdadeira obsessão de reduzir a inteligência alemã a uma obediência cega, de certo modo mecânica às leis aos ditados do Führer". O livro de Hitler (*Mein Kampf*) se tornava aos poucos *um best seller*. Página 425.

A escravidão não nasceu do racismo; mas o racismo foi consequência da escravidão.

Eric Williams

Entre nós também não foi muito diferente. A febre nacional, a exemplo da Alemanha Nazista, foi idêntica. Vestir a camiseta da CBF, uma organização extremamente corrupta, até há pouco tempo comandada por Ricardo Teixeira e também por José Maria Marin, este preso nos Estados Unidos, passou a ser o uniforme dos manipulados. Levavam consigo bonecos infláveis de Sérgio Moro, endeusado como salvador da pátria.

Em nossa vira-latice, considerar que toga, paletó e farda eram sinônimos de integridade deu no que deu: a hipocrisia de campanhas como a Lava Jato. Faz de conta. Fernando Henrique Cardoso reforçou nossa baixa estima ao escrever sobre teoria da dependência, ou seja, seríamos assim eternos vassalos dos Estados Unidos.

Para enganar a opinião pública, basta dizer o que as pessoas querem ouvir. No caso do Nazismo, o partido criado por Hitler era a solução contra a miséria e indignação em que vivia naquele momento o povo alemão. No Brasil, também o PT foi satanizado, o grande vilão, quando na verdade forjaram uma crise através das pautas bombas de Eduardo Cunha na Câmara Federal, juntamente com o mau perdedor Aécio Neves. E o MBL incentivando pessoas para irem às ruas em protestos a partir de 2013.

Foi justamente o que fez o conluio entre mídia e Operação Lava Jato para satanizar o PT, como aliás, fez a imprensa na época contra Getúlio Vargas, "envolvido num mar de lama" e Jango acusado de ser comunista e corrupto. Nada se provou contra os dois. Como nada se prova nos tempos atuais contra Dilma/Lula.

Ao contrário de outros países onde se apurou e puniu a corrupção, no Brasil a Lava Jato perseguiu só um partido e, ao invés de punir cirurgicamente só os corruptos das empresas e do governo, destruiu sistematicamente empreiteiras como a Odebrecht e a indústria naval brasileira, provocando desemprego em massa e levando a Petrobras ao descrédito e a sua venda em fatias.

As campanhas de falso moralismo são históricas no Brasil, como se pode notar na "Marcha da Família com Deus pela Liberdade", liderada pelo padre Payton em 1964 e que redundou na Ditadura. O tal padre era, na verdade, agente da CIA. Na sequência, tivemos a "Campanha de Arrecadação de Ouro pelo Brasil" em que até mesmo Castelo Branco teria doado a sua aliança de casamento para "ajudar a salvar o país". Sem falar da vassoura de Jânio Quadros, denunciado pela própria filha como corrupto. *"Não basta ser honesto, é preciso aparentar ser"*, como reconheceu uma procuradora nos diálogos revelados pelo *Intercept*[30], denunciando a Farsa a Jato.

Somos um povo "*deitado eternamente em berço esplêndido*" e em raros momentos como Copa do Mundo ou eleições, se mobiliza a opinião pública através de manifestações. Mas o conluio Globo/Lava Jato, a exemplo dos "caras pintadas" do Fora Collor, são algumas das exceções. Poucos vão para as ruas conscientes por terem entendido por a+b que é

---

[30] The Intercept é uma publicação, na forma de jornal on-line, lançada em fevereiro 2014 pela First Look Media. A organização de notícias foi criada e financiada por Pierre Omidyar, fundador da eBay, e os seus editores são Glenn Greenwald, advogado norte-americano, especialista em direito constitucional e ex-jornalista do *The Guardian*; Laura Poitras, cineasta, documentarista e escritorae Jeremy Scahill, jornalista investigativo norte-americano, especialista em assuntos de segurança nacional e autor do livro *Blackwater: The Rise of the World's Most Powerful Mercenary Army*. A versão brasileira entrou no ar dia 2 de agosto de 2016.

assim que deve ser, ou seja, com base em fatos sociológicos e históricos. É como você fazer parte da torcida do Flamengo ou Corinthians.

Exemplo foi a celebração estúpida ocorrida em setembro de 2016 quando o Senado confirmou a destituição da então presidenta Dilma Rousseff, ou em 2018 ao final do segundo turno quando confirmaram o capitão insano como presidente da República. A maioria dos eleitos cruzou os braços e se omitiu, desconhecendo a máxima de Max Weber: *"Aquele que se diz neutro toma o partido do mais forte"*.

Aos amigos tudo, aos inimigos o linchamento antes da lei.

Machiavel (1469 — 1527)

A estratégia de Machiavel *('para os amigos tudo, para os inimigos a lei')*, sempre foi utilizada pela elite brasileira para manter a dominação. A fortuna da família Marinho, amealhada em meio à corrupção e sonegação de impostos, é por demais conhecida. O patriarca Roberto Marinho era o Comendador da República, como dizia Brizola.

"É difícil resistir ao sistema", conforme comentou comigo alguém do círculo familiar. Sim, de fato. Quando Spartacus se revoltou e congregou em torno de si 80 mil escravos em Roma, chegou a ameaçar o império e só não conseguiu derrotar as legiões romanas porque os 120 mil escravos restantes preferiram seguir como servos porque era mais cômodo.

"É melhor morrer de pé do que viver ajoelhado" - frase de um revolucionário mexicano que há um século saiu em defesa da reforma agrária, conseguida graças ao sangue de gente que se sacrificou. Pancho Villa e Zapata[31] tiveram a coragem.

[31] A Revolução Mexicana foi um conflito armado que teve lugar no México, com início em 20 de novembro de 1910. Historicamente, costuma ser descrita como o acontecimento político e social mais importante do século XX no México. Ligada a reforma agrária.

Hoje o processo de vigilância e controle do Big Brother, intuído e profetizado por George Orwell (*1984*) na década de 40, é muito mais sofisticado. Glenn Greenwald em seu livro *Sem lugar para se esconder*, sobre a odisseia de Snowden, narra todos os detalhes sobre o poder dos Estados Unidos sobre o mundo.

"Venha a Hong Kong o mais rápido possível", disse-lhe Snowden. "Quero iniciar um debate mundial sobre privacidade, liberdade na internet e os perigos da vigilância estatal" - completou o ex-funcionário da CIA, que havia se refugiado em Hong Kong.

Snowden não é o único caso de funcionário da CIA arrependido. Veja-se o caso de Philip Agee, que trabalhou no Uruguai. Ele próprio constatou que a demagógica Aliança para o Progresso beneficiou os Estados Unidos e não a América Latina.

Resumindo, diz Agee na página 509 do seu livro *Dentro da Companhia – Diário da CIA* , em dez anos o capital estrangeiro retirou 20 milhões de dólares depois de ter investido US$ 5,5 bilhões na América Latina.

Uma charge divulgada no Facebook há alguns anos mostrava uma criança brasileira ao lado do então presidente Barack Obama (1961-) e o seguinte diálogo: «Meu pai me disse que você nos espiona». Resposta de Obama: «Ele não é seu pai», indicando que os EUA sabem muito mais sobre nós do que podemos imaginar.

O jornalista inglês Eric Arthur Blair (1903-1950) cobriu a Guerra Civil Espanhola e mais tarde alistou-se e combateu as tropas de Franco, sendo atingido no pescoço por um franco-atirador. Anos depois, já como escritor, tomou o pseudônimo de George Orwell, autor de *1984*, livro no qual descreve uma sociedade totalitária totalmente controlada através de teletelas.

Glenn é casado com o brasileiro Davi Miranda, que era suplente do deputado federal Jean Willys (PSOL-RJ), assumindo sua vaga no início de 2019 porque Willys deixou o Brasil, ameaçado que estava por milícias. Ele era muito ligado à vereadora Marielle Franco, assassinada por milícias fluminenses. Os autores do crime foram identificados e presos.

O delegado que apurava o caso foi afastado e enviado "para executar uma tarefa na Europa", dificultando o acesso aos mandantes do crime. Por *coincidência*, um dos assassinos é vizinho de condomínio numa das residências de Bolsonaro.

DESEDUCAÇÃO QUE EMBURRECE

O sonho do oprimido é ser opressor

Paulo Freire

"Análise acachapante do orçamento brasileiro de 1903 mostrando que para uma despesa total de 33 mil contos, apenas 3,2 mil - ou seja, menos de 1 por cento - estavam destinados a tudo que interessa a vida intelectual, ou seja, bibliotecas, museus, escolas especiais, observatórios etc." - diz Conde Aguiar, a propósito da situação da administração pública no início do século XX. *"É a cultura da ignorância como programa"*, protestava na época Bonfim, médico, sociólogo e educador inconformado.

Manoel Bonfim, Olavo Bilac e José do Patrocínio foram perseguidos por serem antimilitares. A República mal amada[32] nascia em 1889 com o DNA militar uma vez que Deodoro, um marechal, foi o seu criador, sucedido em seguida por outro militar, Floriano.

Bonfim dizia que a revolução indispensável era a distribuição de terras, direito à moradia, produção de alimentos, direito à greve e educação popular. Mas afinal, que Bonfim é este, que pouca gente conhece? Por que a hipocrisia oficial tratou de tornar esse ilustre pensador invisível? O sergipano que se recusou a fazer parte da Academia Brasileira

[32] 1889 – Como um imperador cansado, um marechal vaidoso...contribuíram para o fim da Monarquia e Proclamação da República. Página. 18. Laurentino Gomes.

de Letras, mesmo convidado por Machado de Assis, foi vítima de sabotagem intelectual.

Bonfim era a favor da extinção das forças militares. "*Quartéis, marechais, canhões inúteis*", dizia ele, tornando-se assim escritor maldito. Seus livros foram retirados das bibliotecas públicas a partir do Estado Novo instituído por Getúlio Vargas em 1937. Imagina um Bonfim hoje no governo Bolsonaro, onde os militares escapam à famigerada Reforma da Previdência, mantendo assim os privilégios que remontam à Guerra do Paraguai. A propósito, há atualmente no aparato da folha de pagamento oficial, descendentes de heróis desse conflito - netos de quarta ou quinta gerações - que recebem aposentadorias especiais por conta do suposto heroísmo dos pentavós.

Total obscurantismo cultural favorece a dominação. Senão vejamos algumas razões culturais para o atraso: a primeira gráfica surgida nos Estados Unidos foi em 1638; antes de *1800* surgiram mais de 30 jornais lembrando a palavra liberdade nos EUA. A primeira gráfica que se tem registro no Brasil é de 1808 e o primeiro jornal, Gazeta do Rio de Janeiro, saiu sob censura prévia[33].

O mesmo Brian diz que o arcabouço jurídico básico do Brasil assegurou sempre fatia maior de poder político para estabelecer regras, leis e políticas governamentais visando assegurar acesso para beneficiar as elites, proporcionando desigualdades sociais.

---

[33] Brian Nicholson.

PARASITISMO DOS HEROIS

Prefiro cheiro de cavalo

Frase do então general-
presidente Figueiredo (1979-1985)
ao ser perguntado se gostava do
cheiro do povo

Voltemos a Laurentino Gomes (*1889*). Como se pode ver na página 18, utilizou-se na época da proclamação da República, como sempre, da demagogia para iludir o povo. Com boa estratégia de marketing, alardeava-se o fim dos privilégios e o início de tempos gloriosos, menos injustiças e mais oportunidades. Algo em comum com o governo iniciado em 2019?

Gomes explica que a República não começou através de intensa participação popular. "Foi um golpe militar com escassa participação das lideranças civis", acrescenta o escritor. "A julgar pela memória nacional, o Brasil tem uma República mal amada", diz.

Surgia ali o mito do herói republicano salvador da pátria: Floriano Peixoto. Tempos difíceis começavam, pois houve duas guerras civis e mais a Revolta da Armada, provocando 10 mil mortes. Sem falar na Revolta de Canudos: 25 mil pessoas tombaram no conflito. Daí, conclui Gomes, a falta de prestígio do 15 de novembro.

O empolgado Laurentino Gomes, por sua vez alardeava na página 27 de sua obra: "quase três décadas de democracia sem rupturas.

Isso nunca aconteceu antes", durante os conturbados anos da nossa República de Bananas. O livro do escritor foi publicado em 2013, quase no apagar das luzes da democracia, abalada em 2016. A conspiração estava armada, mas Gomes não suspeitava de nada, como muitos de nós na "pátria tão distraída" (Chico).

Um antepassado de Fernando Henrique Cardoso lamentava o surgimento da República em 1889 porque uma das famílias tradicionais de Goiás (os Caiados) continuava mandando naquele estado. Página 31. Uma triste ironia, pois o mesmo FHC viria nos decepcionar a todos como se verá.

> *Dormia a nossa pátria-mãe tão distraída*
> *Sem perceber que era subtraída em*
> *Tenebrosas transações*
>
> Chico Buarque

Laurentino Gomes comete uma *patriotada* ao afirmar em seu livro que a Guerra do Paraguai se deu entre outros motivos "pela ambição desmedida" de Solano Lopez. Tive oportunidade de morar em Asunción, onde pude ler em vários autores a versão local sobre o conflito.

Sim, é claro, até se pode afirmar que Solano Lopez era destemperado, um macho típico paraguaio, inspirado em Napoleão Bonaparte, mas acima de tudo era um patriota. O país vizinho era então modelo no aspecto de divisão de terras em que o minifúndio criado pelo pai da pátria, Francia, havia se empenhado. Era um país em franco progresso. O Brasil foi usado pelo imperialismo para provocar um genocídio[34] como de fato ocorreu.

---

[34] Finda a guerra, com 99% dos homens mortos, jovens a partir de 14 anos eram levados em rodízio para emprenharem mulheres paraguaias com a finalidade de repovoar o país. O machismo paraguaio teria tido origem aí.

O conflito teve várias fases: na primeira foi comandada pelo general argentino Mitre; na sequência por Caxias; e por último pelo genro do imperador, o Conde D´Eu[35], este motivo de polêmicas.

Bolsonaro poderia ter, sim, inspiração em costumes históricos para fazer fraude eleitoral, como fez. "As eleições eram de fachada, pautada pela fraude e pela perseguição aos opositores", escreve o autor de *1889* na página 105. "E o sistema judicial era igualmente exemplar. Pela Constituição do Império, todo cidadão tinha direito de recorrer à Justiça para assegurar seus direitos. O ritual previa amplo direito de defesa dos réus, só passíveis de condenação depois de esgotados todos os recursos. Ninguém podia ser preso sem culpa comprovada".

Na prática, a execução da lei dependia mesmo dos chefes locais de acordo com suas conveniências, como conta Laurentino Gomes, o que torna a Lava Jato uma mera repetição dos fatos ocorridos em nossa História.

Enfim uma boa notícia para os progressistas se pode observar na página 211, na qual Laurentino Gomes aponta como ocorreu a Abolição da Escravatura. "Nunca antes tantos brasileiros se haviam mobilizado de forma tão intensa por uma causa comum", diz ele, "envolvendo todas as classes sociais".

Ao contrário do que afirmou o general Mourão, os negros não são indolentes. A educadora alemã Ina von Binzer registrava que "todo o trabalho é realizado pelos pretos , toda a riqueza é adquirida por mãos negras porque o brasileiro (branco) não trabalha". Página 212.

---

[35] Morto seu amante em combate, o Conde D´Eu, tido como homossexual, teria sido tomado de grande cólera, provocando um grande massacre por vingança, conforme versão de determinado autor paraguaio do qual não me lembro o nome. O povo brasileiro se antipatizava com o marido da princesa Isabel, de quem pejorativamente se dizia que 'o conde deu'.

Um povo ignorante é o instrumento de sua própria destruição

Simon Bolivar

Como no DNA da República está a marca militar, essa categoria tem dominado a cena política desde o governo Deodoro, quando este nomeou governadores para vários estados da jovem República. O que Bolsonaro fez agora não é novidade: colocar generais e outros oficiais altamente graduados em postos-chave.

Inclusive as mordomias conforme se pode observar na página 326: até mesmo civis que apoiaram o novo regime e começaram a exercer cargos passaram a receber soldos e aposentadorias compatíveis com o posto, sendo até mesmo chamados - pasmem - de generais. *Banana Republic*[36].

Conflitos entre Executivo versus Legislativo ou Executivo versus Judiciário, em pleno ano 2019, também não são novidade, pois o então recém-empossado primeiro presidente da República, Marechal Deodoro, "relutou em aceitar o princípio de independência" dos poderes e ainda considerava que era sua prerrogativa dissolver o Congresso Nacional quando julgasse necessário. Página 327.

Mais tarde, como motivação até para baixar o famigerado AI-5, a Ditadura tentou obrigar o Congresso a caçar Márcio Moreira Alves, não o conseguindo "democraticamente", apelaram para o ato.

Medidas duras com relação aos índios? Sim, o segundo presidente da República, o também Marechal, Floriano, "notabilizou-se pela repressão aos bororós, na época índios arredios

---

[36] Durante o 'putsch" (golpe) fracassado, na década de 20, um cético lembrou a Hitler naquele momento que ali não estavam na América do Sul, segundo conta o historiador Joachim Fest. A expressão República de Bananas foi utilizada pelos Capitães de Abril por ocasião da deposição de Marcelo Caetano em Portugal. Quando o general Spínola disse que a política deveria ser deixada com os políticos, um dos capitães respondeu: "Não somos uma República de Bananas. Enumeramos vários princípios para serem adotados pelo novo governo".

que, pressionados pelos fazendeiros, ameaçavam invadir a capital, Cuiabá". Isso ainda em 1884, portanto, quando Floriano era comandante de armas no Mato Grosso. Página 351.

O que teria dado tanto a Deodoro[37] quanto a Floriano a popularidade suficiente para se credenciarem presidentes da República. A participação na Guerra do Paraguai, de onde voltaram cobertos de medalhas. Laurentino sequer chega a questionar se tais medalhas foram ou não concedidas com justiça e real mérito. Sabe-se que o conflito contra Lopez foi uma luta desigual na qual se matou mulheres e crianças quando já não havia mais homens para lutar.

Ainda sobre o surgimento da República e a situação política atual, dois pontos em comum: tanto a cúpula militar da época quanto da atual, ambos culpam os políticos "que só cuidam de interesses pessoais" enquanto os profissionais das armas "defendem a pátria".

Que tempos são esses, pois significa silenciar sobre tanta injustiça.

Berthold Brecht

Outro detalhe: contra aqueles que acusam Bolsonaro de ser obcecado por Trump, a bandeira criada para representar a República em 1889 era uma imitação da bandeira ianque, com listras amarela e verde. E o nome: Estados Unidos do Brasil.

Até que ponto temos no Brasil o princípio da impessoalidade, característico da república? Diante da realidade do nepotismo e

[37] O marechal Deodoro, além de Judas, Pinochet, Brutus e Efialtes, figura entre os grandes traidores da História, segundo a revista do mesmo nome de junho de 2017. Deodoro traiu D. Pedro II para tornar-se o primeiro presidente da República. Judas ganhou algumas moedas para entregar Jesus. Pinochet roeu a corda e Allende sofreu as consequências no Chile. Brutus era filho adotivo de César e foi um dos que o apunhalaram. Efialtes mostrou o caminho secreto aos persas contra os gregos.

do familismo, a república (coisa pública) é na verdade uma ficção, conforme observa Paulo Pinheiro Machado, professor da UFSC[38]. Enquanto Rocha Loures (crime da mala), Rodrigo Maia (codinome Botafogo na lista da Odebrecht) e Aécio (Mineirinho) continuam soltos, a presidenta Dilma Rousseff foi cassada sem ter cometido crime de responsabilidade por deputados que votaram alegando fazê-lo 'pela família'.

Acontece que os Maias, os Neves e os Rocha Loures são, como diz em Brasília, gente de *pedigree*. A Coisa do Povo (república) deveria estar acima dos interesses pessoais ou familiares, como no caso do assassinato de Júlio Cesar em Roma. Vejamos o que aconteceu ali. Cesar aspirava ser imperador num governo que havia acabado há muito tempo com os reis por causa do despotismo.

Tínhamos agora o genial Cesar, herói das Gálias, líder único depois do fim do Triunvirato. As instituições republicanas deveriam primar pelo princípio da impessoalidade. É a partir daí que decidiram matar (e acabaram por assassinar) o ambicioso político.

Para arrematar, quero registrar que nem Lula enquanto presidente encarou o desafio de acabar com os privilégios dos militares, poupados durante a reforma da Previdência, feita durante os governos petistas.

---

[38] Família Importa e Explica.

TORTURADOR HOMENAGEADO, NEGRO CHICOTEADO

É perigoso libertar um povo que prefere a escravidão.

Machiavel

Enquanto o torturador Fleury[39] recebia condecorações durante a Ditadura, um educador do porte de Anísio Teixeira era assassinado no Rio de Janeiro e seu corpo atirado no poço do elevador do prédio onde morava. E Paulo Freyre, premiado em vários países do mundo, era exilado. O mesmo fizeram com Darcy Ribeiro, pesquisador dos índios do Brasil e criador da Universidade de Brasília.

Vários depoimentos, testemunhas e relatos de presos políticos apontam que, sistematicamente, Fleury torturava as pessoas durante os interrogatórios que comandava. Vários dos militantes capturados por ele não resistiram às torturas e morreram. Fleury foi o

[39] Sérgio Fernando Paranhos Fleury (Niterói, 19 de maio de 1933 — Ilhabela, 1 de maio de 1979), mais conhecido como Delegado Fleury, foi um policial que atuou como delegado do Departamento de Ordem Política e Social (DOPS) de São Paulo durante a Ditadura Militar no Brasil. Fleury ficou conhecido por sua atuação violenta e foi acusado de tortura e homicídio de inúmeras pessoas pelo Ministério Público, mas morreu antes de ser julgado.

principal responsável pela tentativa de captura e morte do militante comunista Carlos Marighella. Também foi apontado como participante da Chacina da Lapa e investigado por envolvimento com tráfico de drogas e esquadrões da morte.

Protegido dos militares que promoveram o Golpe de Estado no Brasil em 1964 e impuseram a ditadura, deles recebeu diversas homenagens, como a Medalha do Pacificador e a Medalha Amigo da Marinha. Mas em 2009 uma rua com seu nome na cidade de São Carlos foi renomeada para homenagear o cardeal católico Hélder Câmara, um dos mais conhecidos opositores do regime imposto pelo golpe. Em 2017 um bloco carnavalesco foi proibido de homenagear Fleury.

A alienação e inversão de valores são tão grandes, que em Curitiba, paraíso dos reacionários, havia (ou talvez ainda exista) uma escola denominada Escola Embaixador Lincoln Gordon, em homenagem ao diplomata que servia no Brasil em 1964 e que ajudou a derrubar Jango.

A História do Brasil está permeada, como sempre, de exclusão e de brutalidade, como no caso da "Revolta da Chibata", ocorrida em 1910, quando um grupo de marinheiros liderados por João Cândido, negro, se rebela e toma navios de guerra, prende os oficiais brancos e bombardeia o Rio de Janeiro, exigindo o fim dos maus tratos, tão comuns na época.

Perseguido de forma cruel após o episódio, João Cândido padeceu na miséria e morreu em 1969 , vindo a ser alguns anos depois imortalizado na genial canção de autoria de João Bosco & Aldir Blanco (Almirante Negro), que naquela oportunidade quase não passa pelo filtro atento da Censura instituída pela Ditadura Militar (1964-1985) "por fazer apologia à raça negra".

Em referência ao episódio da Revolta da Chibata, os autores de *Quase -Cidadão* aludem a textos do início do século XX: ...*"a raça negra estava condenada à imperfeição, à incivilidade, à preguiça e à desordem. Daí não ter condições de assumir postos de confiança ou liderança"*. O que nos remete à figura do atual vice-presidente da República, general Hamilton Mourão, que recentemente disse que "negros e índios são indolentes", esquecendo-se ele próprio que é descendente de índios por parte de mãe e pai.

"A oficialidade da Marinha foi, ao menos, uma parte das mais escolhidas da alta sociedade do Brasil; porque ela merecerá menos crédito quando afirma da imprescindível necessidade de castigo do que indignos políticos que advogam os próprios inconscientes interesses explorando uma falsa piedade pelo negro boçal que mata e rouba (interrogação) Modificai a situação das guarnições; é o dever da política que legisla e do governo e depois daí largas ao humanitarismo. Enquanto a guarnição foi o esgoto da sociedade, a disciplina, a origem e a segurança têm os seus direitos e a chibata o seu lugar". `Página 291. *Quase-Cidadão -histórias e antropologias da pós-emancipação no Brasil* - Olivia Maria Gomes da Cunha e Flavio dos Santos Gomes.

O Brasil não é, nem deve ser, o Haiti.

Sílvio Romero, em 1891.

Como diz o texto acima, pertencer à oficialidade das Forças Armadas estava reservado à elite. E João Cândido, líder da Revolta da Chibata revoltou-se, dominou os oficiais do navio em que servia, depois negociou e foi traído, sendo preso, expulso da Armada, viveu e morreu na miséria.

A história de João Cândido foi exemplo para muitos jovens idealistas nas primeiras décadas da República, entre eles o jornalista Edmar Morel, que já na infância ouvira a história do negro revoltoso contra os castigos corporais na Marinha de Guerra.

A utilização da chibata era comum dentro da Armanda e tinha o aval de Rui Barbosa, tido como herói daqueles tempos. O assunto era considerado tabu e, para contrariar a regra, o irreverente Aparício Torrelly, conhecido como Barão de Itararé, escreve reportagem sobre o tema, o que lhe rendeu uma surra por parte de oficiais da Marinha.

Edmar Morel, na sequência já como jornalista, procurou e encontrou o Almirante Negro, João Cândido, na Baixada Fluminense. "A pobreza e o abandono eram a tônica do lugar. Não era uma habitação digna da espécie humana: um casebre com esgoto a céu aberto", conta Morel.

João Cândido morreu em 1969; em 1984 a Câmara Municipal do Rio de Janeiro concedeu o título post mortem de Cidadão Honorário local ao Almirante Negro. Na ocasião também foram homenageados os compositores João Bosco e Aldir Blanco, autores do samba *Mestre Sala dos Mares*, que reverencia Cândido e a rebelião de 1910.

João Bosco contou a Morel que a música foi mutilada pela Censura; onde estava escrito "almirante negro" os compositores foram obrigados a botar "navegante negro". Estávamos vivendo os anos de chumbo.

Aqui temos negros votando em racista e ainda fazem a apologia da sua pregação fascista. A negritude é ignorada. Veja-se o caso do jornalista da Rede Globo e âncora do Jornal Nacional, Eraldo Pereira, nitidamente "branqueado". Em Curitiba, uma repórter da emissora local parece cuidar especialmente da pele para evitar que se reconheça sua origem racial.

E o vereador negro Herivelto Oliveira, empossado em 2019 na Câmara Municipal de Curitiba, chega a declarar para quem quiser ouvir que "não foi candidato dos negros" e ali não representa sua raça. Perguntado se, por não ser militante, tal fato poderia ser considerado branqueamento, Herivelto diz não se incomodar com a acusação.

O Quilombo dos Palmares foi a maior das ameaças à civilização do futuro povo brasileiro.

Nina Rodrigues

Eu pessoalmente conheço pessoas, inclusive de cor, que se declaram contra as cotas para negros alegando que "as oportunidades da sociedade são iguais para todos". Tal premissa é falsa num país onde 54%

da população tem sangue negro. Qual é proporcionalmente o número de negros entre professores, médicos, advogados, engenheiros, deputados, senadores, governadores, prefeitos e presidentes?

Em 2016, o pastor Feliciano se destacou por defender "a cura gay" e por afirmar que os negros, biblicamente, são uma raça inferior porque Noé havia amaldiçoado seu filho Cam e proscrito seus descendentes a viverem na África. O bispo de Olinda, Azeredo Coutinho (1742-1821), corrobora tal opinião.

O prelado oitocentista reforça a "maldição de Cam": concebia a sociedade brasileira entre brancos e os outros (trabalhadores), lamentando ao mesmo tempo a mobilidade social dos negros e mestiços à medida que crescia o movimento de alforria[40].

A pós-verdade que ajudou a eleger Donald Trump lá nos Estados Unidos, ajudou a eleger a Extrema Direita aqui. No Dicionário Oxford - conta-nos Ricardo Oliveira - pós-verdade é aquela verdade trabalhada, aditivada, manipulada pelos interesses". Página 152 do capítulo Procure a Família, de *Família importa e explica: instituições políticas e parentesco no Brasil.*

Oliveira pesquisou e constatou, por exemplo, que Rosângela (senhora Sérgio Moro), a cáustica crítica de Lula nas redes sociais, é prima do prefeito de Curitiba, Rafael Greca de Macedo[41]. Origem nada humilde para quem declarou em determinada revista feminina que ela, Rosângela, seria filha de um mestre de obras, mas que teria lutado muito para chegar onde chegou.

Encastelada em luxuoso apartamento em Curitiba, num sábado frio, Rosângela Moro usou o twiter para debochar das feministas ao dizer que esperava o marido para uma sopa quente de maneira requintada. Ela

[40] A política da escravidão no Império do Brasil – 1826-1865.

[41] Descendente de uma linhagem de prefeitos desde o século XIX, Greca então candidato demonstrou nojo de pobre ao dizer que não é São Francisco de Assis e que quase vomitou ao dar carona para determinado morador de rua.

fez questão de participar da campanha de Bolsonaro, demonstrando que a família, afinal, tem lado. Novidade? Não, a "Justiça" sempre teve.

Sintomática manifestação de Rosângela, que demonstra assim o corporativismo da elite, indiferente à luta das mulheres debaixo, bem no estilo Maria Antonieta: "sorry, que comam brioches".

É preciso aperfeiçoar as raças em ordem a melhorar e não a retrogradar, pois o africano deve cruzar com o mulato, este com o branco.

Domingos José Nogueira Jaguaribe Filho

No passado, uma primeira dama da República, Nair de Tefé, casada com o então presidente Marechal Hermes, escandalizou a sociedade da época dançando "corta-jacas" no palácio ao som de Chiquinha Gonzaga, o que mereceu críticas do próprio Rui Barbosa

A alienação da burguesia nacional tem reflexo também na atual primeira dama, Michele, que apareceu com uma camiseta com a frase "se continuar com esse tom poderemos ter problemas", lembrando a repreensão da juíza Gabriela Hart, que ameaçou Lula durante depoimento do caso do Sítio de Atibaia. Mais tarde a própria Gabriela admitiu "por falta de tempo" ter grosseiramente copiado e colado o processo de Moro do processo do tríplex no caso Atibaia.

E a supérflua Marcela Temer, tida como a queridinha "bela, recatada e do lar", nas redes sociais postou que Dilma foi "demitida por justa causa". Ou a milionária carioca responsável pelo envio de milhões para ajudar a reconstrução da Catedral de Notre Dame*, indiferente que o Museu Nacional do Rio também pegou fogo.

A gaúcha Lily Safra doou R$ 88 milhões para a recuperação da Catedral de Notre Dame, danificada por incêndio.

Durante manifestação que realizamos em agosto de 2019 na frente do MPF (Ministério Público Federal) em Curitiba, encontramos

Carlos Fernando Santos Lima, procurador agora aposentado. Ao perceber a presença dos manifestantes, cautelosamente Santos Lima se escondeu: ele é citado constantemente nas reportagens do *Intercept*.

Foi Carlos Fernando dos Santos Lima[42] quem deu as entrevistas por ocasião da condução coercitiva de Lula em 2016. Coincidência? Não. O procurador aposentado é filho do deputado da Arena, Oswaldo dos Santos Lima, presidente da Assembleia Legislativa no auge da Ditadura. O avô dele foi juiz e entre seus bisavós encontram-se oligarcas escravistas na Lapa, berço também de Flávio Suplicy, autor da Lei Suplicy, antidemocrática aos olhos da comunidade universitária.

Voltando ao procurador da Lava Jato, quando saiu a notícia sobre sua aposentadoria, divulgou-se que Santos Lima obteve rendimentos integrais como profissional da ativa. Ora, são afinal os privilégios de sempre de um "eficiente servidor do sistema".

O acusado (Lula) não havia sido intimado previamente, portanto, o ato foi arbitrário, na ocasião da condução coercitiva, quando o clima era de verdadeiro linchamento, muito pesado. O país já estava então muito dividido e polarizado.

Não raro, todo um povo compartilha a sorte de um mau líder, que desmanda e tenta realizar sonhos insanos.

Hesíodo

Me faz lembrar a polêmica figura de Abrahão Lincoln, grande benemérito da causa dos negros nos Estados Unidos. Lincoln era amado e odiado ao mesmo tempo num clima de polarização naquele país. A conspiração que o matou contou com os adeptos da supremacia branca, que considerava inadmissível conceder liberdade a pessoas de cor.

[42] *Família importa e explica: instituições políticas de parentesco no Brasil.*

Signatário do AI-5[43], Flávio Suplicy de Lacerda foi reitor da UFPR e ministro da Educação da Ditadura. Era marido de Dalila Lacerda, ex-presidente da União Cívica Feminina e participante da *Marcha da Família com Deus pela Liberdade*. Ivo Arzua também assinou o AI-5; eu o conheci durante uma reunião de Consórcio de Carros nos anos 90 e teria prazer em perguntar ao ex-ministro por que assinara o Ato Institucional, mas na época eu não era politizado suficientemente.

O AI-5, o mais duro de todos os Atos Institucionais, foi emitido pelo presidente Artur da Costa e Silva em 13 de dezembro de 1968. [3] Isso resultou na perda de mandatos de parlamentares contrários aos militares, intervenções ordenadas pelo presidente nos municípios e estados e também na suspensão de quaisquer garantias constitucionais que eventualmente resultaram na institucionalização da tortura, comumente usada como instrumento pelo Estado.

Trabalhei com uma jornalista (Eloah), funcionária de carreira do Ministério da Previdência Social. Quando outro signatário do AI-5, Jarbas Passarinho, assumiu o ministério no governo Collor, os dois vieram a Curitiba e, eu, repórter, os encontrei no Tribunal de Justiça. Não me lembro mais qual era a pauta daquele dia.

Eloah saudou o Golpe de 2016 sob alegação de que "agora sim chegou a modernidade" ao se referir à *Ponte para o Futuro*, de Michel Temer. Como estaria ela agora que a sua própria aposentadoria está em risco tendo em vista as mudanças promovidas pelo atual governo?

É muito fácil tirar o gênio de dentro da garrafa (caixa de Pandora). Mas é muito difícil recolocá-lo lá. Deflagrar um golpe de estado

[43] O Ato Institucional Número Cinco (AI-5) foi o quinto de dezessete grandes decretos emitidos pela ditadura militar nos anos que se seguiram ao golpe de estado de 1964 no Brasil. Os atos institucionais foram a maior forma de legislação durante o regime militar, dado que, em nome do "Comando Supremo da Revolução" (liderança do regime), derrubaram até a Constituição da Nação, e foram aplicadas sem a possibilidade de revisão judicial.

e conquistar outra vez a ordem democrática dá muito trabalho, como bem tem demonstrado a História. "Pode-se acusar a burguesia de tudo, menos de ser desorganizada", escreveu Marx no século XIX.

A desigualdade é patente a ponto de a maioria dos moradores de favelas, presidiários, moradores de rua, empregadas domésticas, encontra-se justamente entre os negros. Já a elite branca assegura suas "cotas" tranquilamente no Tribunal de Justiça, Tribunal de Contas e entre a elite financeira do Brasil, onde não há pessoas de cor. Exceto entre artistas e atletas.

Foram os negros que ajudaram a música popular brasileira a resistir.

Paulinho da Viola.

As piadas discriminatórias e excludentes contra pessoas de cor no Brasil são por demais conhecidas como "isso é coisa de negro", "fez trabalho de preto", "quando não caga na entrada, caga na saída". A última frase ouvi de um tio meu na década de 60. Em nossa ingenuidade, achávamos que fosse «normal» esse tipo de comportamento, dado o senso-comum da época.

O que se observa no Brasil é que quem desempenha serviços ditos inferiores como o de gari ou empregada doméstica são pessoas reconhecidamente humildes. É como se tivessem um selo na testa. Herança cultural da Escravidão. Em Portugal, não vi isso.

Em pleno 2019, temos visto muitos pedintes na rua, a maioria negros, o que faz lembrar que antes da Lei Áurea havia os chamados "negros de ganho", ou seja, escravos designados a permanecer na rua - com as mais diversas atividades - para arrecadar dinheiro para o seu senhor, inclusive como pedintes.

No interior de Minas, onde nasci e me criei, nas décadas de 50 e 60 - minhas lembranças me acodem - lavadeiras exerciam sua profissão à beira do rio da cidade, ganhando assim o pão de cada dia. Durante o Brasil Colônia, tal atividade era feita por escravas, conforme relata Roberto Guedes Ferreira, página 239 de *Autonomia escrava e (des) governo senhorial do Rio de Janeiro da primeira metade do século XIX (Tráfico, Cativeiro e Liberdade - Rio de Janeiro séculos XVII-XIX)* organizado por Manolo Florentino.

Diz Guedes Ferreira: *"Lavadeiras e/ou ensaboadeiras formavam um grupo especial de trabalho cativas, lotando os chafarizes e os riachos da cidade. Dia e noite, lá estavam elas, batendo as roupas"*. Me faz lembrar quem era pobre em minha cidade natal, onde há, por sinal, grande número de moradores de origem negra.

Em nossa infância em Raul Soares - me lembro - era comum nossos pais nos ameaçarem, se permanecêssemos na rua - seríamos apanhados por D. Maria Macuca, uma negra molambenta, que esmolava pela cidade. Ela morreu ainda nos anos 60. Seu filho, conhecido como Antônio Macuco, era conhecido por desafiar a polícia local, e, em certa feita, ao fugir, atirou-se ao rio, escapando a nado. Morreu num desses confrontos com a força pública.

Meu pai era udenista nos anos 60 no interior de Minas e, assim que estourou o Golpe de 64, ele passou a apoiar a "Revolução" em nome do "combate aos comunistas". Ser xingado de comunista no início daquela década era como ser chamado de leproso ou coisa assim. E do outro lado da rua em que morávamos residia Manezinho da Estação, chefe da Rede Ferroviária Federal, um cidadão de bem local e de poder aquisitivo.

Tanto que Manezinho da Estação, aliás compadre de meu pai, havia construído uma casa no estilo do Palácio da Alvorada. Era chefe de família, pai de 7 ou 8 filhos. E como meu pai aderiu à "Revolução", fazendo as vezes de polícia local - uma vez que o contingente da PM foi enviado ao Rio de Janeiro para ajudar a "acabar com o Comunismo" - meu pai foi escalado para prender justamente seu compadre. Foi preso e enviado para a Ilha das Cobras, onde permaneceu por uns tempos, voltando depois bastante abatido.

Eu só tomei conhecimento de um fato dramático muitos anos depois: durante esse período tão difícil da família do referido Manezinho da Estação, perseguido pela Ditadura, a família passou por privações. A mãe teve que "lavar roupa para fora" como forma de sustentar a família numerosa.

Meu tio, Jorge de Souza Lima, então vereador em Raul Soares-MG, chegou a empreender iniciativa dos produtores rurais locais para "fazer frente à ameaça comunista", uma vez que Cuba havia sido a mola-propulsora da libertação da América Latina em 1959.

Não tive oportunidade de questionar meu pai a respeito do episódio da prisão de seu próprio compadre; sei que mais tarde, em Matelândia, interior do Paraná, meu pai se tornou vereador pelo MDB, de oposição à Arena do então general-presidente Geisel.

Herdeiro da casta militar parasitária do País, heróis da Guerra do Paraguai, quando então se arvoraram no direito de criar a República, Mourão faz parte da categoria de "donos armados do poder", representantes bélicos da elite, e que teriam "concedido" a liberdade aos negros em 1888 quando na verdade esse é um direito fundamental do ser humano. É sintomático que o próprio José do Patrocínio, negro e abolicionista, se dizia emocionado e grato pelo "presente" promovido pelos senhores de escravos. Cidadania se conquista, não se ganha.

O Brasil é um dos países mais racistas do mundo, haja vista que a Abolição aqui foi a última do planeta. Mas aconteceu na verdade apenas de maneira parcial. Ao contrário dos Estados Unidos onde Abraham Lincoln promoveu a reforma agrária e deu início a um processo que assentou 1,6 milhões de famílias, aqui foi o contrário, os "donos" dos escravos é que queriam ser ressarcidos. Naquele tempo não havia FGTS.

Vossa Excelência bem sabe, no meio das galinhas as baratas não têm razão.

Escravo José Crioulo, enforcado por ter matado seu dono.

"Vossa Excelência bem sabe, no meio das galinhas as baratas não têm razão", alegou José Crioulo, escravo que havia assassinado seu senhor, Jose Augusto Cisneiros, em 1851. Foi enforcado. Ele havia reagido ao ser espancado. Não havia legítima defesa para os negros. O fim das execuções capitais só veio com a Constituição de 1891.

A Abolição "meia boca" não poupou nem mesmo os quilombos (esconderijo) de negros fugidos, pois várias dessas áreas foram tomadas por proprietários rurais ambiciosos. Mas pelo menos a experiência histórica dos quilombos ensejou que a Constituição Cidadã, promulgada em 1988 por Ulysses Guimarães reconhece que "aos remanescentes das comunidades dos quilombos que estejam ocupando a reconhecida propriedade definitiva, devendo o Estado emitir-lhes os títulos respectivos". Situação que o atual presidente da República olha com visível hostilidade.

As forças de segurança do país fazem ainda hoje o papel de capitães do mato, tão comum no Brasil colônia e imperial. Há pouco tempo atrás na ONU se falou sobre a extinção das PMs, o que seria uma medida humanitária.

Em conversa com um coronel da PM aposentado, meu vizinho, indaguei: "o senhor como policial o que acha da frase bandido bom é bandido morto?" ao que o vizinho respondeu: "Isso é o certo", ao que rebati se tal afirmação valeria também para bandido rico, uma vez que geralmente só os pobres são fuzilados de forma inclemente.

Já havia conversado antes com tal vizinho, coronel aposentado da PM, como disse. "No tempo da Ditadura não havia violência e banditismo como hoje", opinou. Detalhe: naquela época havia censura e tudo o que contrariasse o regime militar era censurado. Outro detalhe: foi a época em que o Esquadrão da Morte mais matou gente.

Esse crime, o crime sagrado de ser divergente, nós o cometeremos sempre.

Pagu

Casos de violência policial no Brasil contra os "de baixo" são por demais comuns, como os assassinatos da Candelária, do Carandiru, ou a morte de Fernando Ramos da Silva, ator do filme *Pixote*. Ele havia encarnado no cinema a sua própria história e acabou na verdade, na vida real, vítima da violência da PM no Rio.

Bom lembrar o caso do músico negro metralhado pelo Exército do Rio de Janeiro e, na época, o atual presidente da Republica alegou que "o Exército não matou ninguém", o que dá a entender que negro é ninguém no Brasil. Na Alemanha durante todo ano de 2018 a polícia disparou apenas 30 tiros. Já no caso de Evaldo dos Santos Rosa foram 80 disparos.

O Brasil é uma das poucas nações que ainda mantém um corpo policial militarizado, sendo que a comunidade internacional já condenou o nosso país pelos números alarmantes de homicídios cometidos pela polícia.

Essa polícia que está aí serve apenas a uma parcela da sociedade e exclui uma grande maioria ora marginalizada na periferia, que sofre com todo tipo de pressão policial. Palavras de Marcelo Yuka, compositor e poeta, ex-baterista da banda "O Rappa."[44]

Veja-se *Questão de Polícia*, de Arthur Conceição:

As raízes violentas da Polícia Militar estão na própria Escravatura, conforme lembra Artur Conceição. Com o decreto da Lei Áurea (1888), muitos dos negros já estavam na miséria, e agora sem assistência nenhuma do Estado; a grande maioria deles foi ocupar os morros do município do Rio de Janeiro.

A alternativa foi integrar-se às instituições militares. Com o crescimento industrial dos grandes centros urbanos, a classe

[44] As altas patentes eram ocupadas por brancos e eram muito bem pagas.

operária aumentou. Ademais, os salários dos negros eram menores principalmente quando assumiram algumas funções como limpeza urbana ou como agentes de segurança.

Ainda hoje se pode ver negros em trabalhos como guarda-costas, vigias, porteiros de prédio, construção civil, garis e outras funções subalternas da sociedade. "Os policiais de baixa patente, na sua maioria, eram negros e foram doutrinados pelos ideais republicanos da oligarquia, pois eram treinados apenas para receber ordens, haja vista que precisavam daquele emprego para subsistência", diz Conceição.

As leis trabalhistas e o próprio Ministério do Trabalho foram criados por Getúlio Vargas, este último agora extinto por ordem do nefasto capitão. Getúlio deu impulso ao sistema previdenciário, viabilizou a indústria brasileira, criou a Eletrobras e a Petrobras. O Ministério do Trabalho na época visava orientar e supervisionar a Previdência Social. Decretos e leis sob a égide de Eloy Chaves foram ampliando os benefícios da Previdência a várias categorias.

Quem vai fiscalizar o trabalho escravo nas fazendas do latifundiário Ronaldo Caiado[45], conhecido pelos polêmicos empréstimos contraídos no Banco do Brasil e até mesmo suspeito de mandar assassinar trabalhadores rurais? A lei nunca foi para todos, reforçando, aliás, que a lei é cumprida apenas quando se trata de preto, puta e pobre (PPP).

Formado em medicina e com especialização em ortopedia, Caiado é membro de uma família de produtores rurais com forte presença na política de Goiás desde pelo menos meados do século XIX. Notabilizou-se por presidir a União Democrática

[45] Ronaldo Ramos Caiado (Anápolis, 25 de setembro de 1949) é um político brasileiro, filiado ao DEM. É o atual governador do Estado de Goiás.

Ruralista de 1986 a 1989, entidade que visa defender a interesses dos produtores rurais. Concorreu à Presidência da República em 1989, obtendo menos de 1 por cento dos votos. De 1991 a 1995 e de 1999 a 2014, foi deputado federal por Goiás, seguido por um mandato como senador pelo mesmo estado.

Como senador, recebeu em seu primeiro ano de mandato o Prêmio Congresso em Foco de Melhor Senador, escolhido através de eleição popular nas redes sociais.

O medo do Comunismo associado aos Quilombos[46] já assombrava o Império. O gabinete Rio Branco, por ocasião da votação da Lei do Ventre Livre em 1871, era acusado de "governo comunista", segundo palavras do próprio Rui Barbosa. Negros fugidos eram ferrados com um "F" de fujão em plena testa.

Criou-se uma profissão específica para caça aos fugitivos. Em Cuba chamavam-se *rancheadores*; capitães de mato no Brasil; *coromangee ranger* nas Guianas. As táticas eram as mais brutais como utilização de cães amestrados. Algo com alguma semelhança com as táticas da PM?

Um ditado africano recorda que, até o leão aprender a escrever, a história exaltará a versão do caçador.

Laurentino Gomes

Utilizada pelos escravos como resistência contra o cativeiro, a capoeira era temida pelas forças policiais do século XIX. Os negros davam surras ou até mesmo matavam seus perseguidores. O Código Penal de 1890 criminaliza os capoeiristas. Para a elite branca, não era um esporte, era um vício, como conta Carlos Eugênio Líbano Soares[47].

---

[46] Clovis Moura – *Quilombos, Resistência ao escravismo*

[47] A capoeira escrava – e outras tradições rebeldes no Rio de Janeiro (1880-1850)

O então chefe da polícia era Eusébio de Queiroz, conhecido repressor de negros e que, mais tarde, se tornaria ministro da Justiça. Ora, temos atualmente no Brasil um ministro da Justiça (Sérgio Moro), que se tornou célebre pelos métodos empregados pela Lava Jato. As delações premiadas revelaram ali um sistema medieval de pressão conforme admitiu o próprio Dallagnol: "De joelhos eles vão quer pedir redenção".

Pode-se afirmar que o medo contribuiu para dividir a sociedade brasileira, reforçando a exclusão. Como o número de negros sempre foi bem maior do que o número de brancos, estes criaram mecanismos de espionagem e repressão para evitar as represálias.

Essa afirmação tem bases na História. Os brancos fizeram de tudo para evitar que os negros prosperassem, alcançassem projeção social ou fossem promovidos em diversas instâncias. Russel-Wood[48] enumera vários casos assim ao longo de sua investigação.

"As leis discriminativas contra negros eram especialmente evidentes nos regulamentos relativos a portes de armas e códigos de vestimenta. A pena era de açoitamento público pelo pelourinho". Página 107.

Na condição de mera mercadoria, o trabalho escravo (peça) não tem valor algum para o próprio. A finalidade é trazer lucro ao dono suportando até mesmo fome nas fazendas, pois em muitos casos recebia apenas uma porção de comida por dia. Era amordaçado para não levar à boca um punhado de farinha, quando trabalhava na moagem.

A Justiça seletiva da Lava Jato não chega a ser novidade quando se pode consultar o que Russel-Wood observa que "nenhum negro ou negra forro livre poderia possuir uma loja de alimentos" por volta de 1719. Exigia-se uma declaração de pureza de sangue de todo candidato a cargo público.

[48] Escravos e libertos no Brasil colonial

Tido como herói da Guerra do Paraguai e conflitos internos no Brasil, Duque de Caxias, segundo Clovis Moura, foi o comandante do massacre contra o escravo rebelde Manoel Congo na província do Rio de Janeiro, enforcado em 1836. Antes de serem aprisionados, os comandados por Congo foram chacinados.

Caxias também foi enviado para esmagar a revolta dos negros no Maranhão (Balaiada)[49]. A palavra "pacificador" é o eufemismo utilizado pela história oficial para encobrir um passado no mínimo polêmico desse herói nacional, construído pelo sistema de dominação. Era proibido o escravo refugiar-se nos quilombos. Era morto ou no mínimo marcado em ferro em brasa.

Pesquisadores já desmistificaram a ideia de que Caxias foi pacificador. Mas Laurentino Gomes diz na página 126 de *Escravidão volume I,* que Garcia D´Ávila, precursor da pecuária no Brasil, ocupou e pacificou a Bahia no século XVI. E deixa também aberta a possibilidade de que bandeirantes paulistas possam ser considerados heróis ou vilões pelo massacre de índios.

Não foi à toa que o torturador Fleury foi condecorado com a Medalha do Pacificador (Caxias) pelos relevantes serviços prestados à Ditadura. Uma coisa está ligada à outra.

Outra desconstrução a cargo de Clóvis Moura, autor de *Rebeliões da Senzala*[50], se refere a Henrique Dias, suposto herói negro que combateu os holandeses, ajudando a expulsá-los do Brasil por ocasião da presença dos enviados da Casa de Orange em solo nacional. Mesmo de origem africana, Henrique Dias combatia escravos aquilombados.

---

[49] Rebeliões da Senzala

[50] Palavras como banana, canjica, caxumba, quiabo, cachaça, fumo, maconha, caçula, corcunda, catinga, cochilar, inhame, jiló, marimbondo, gambá, tutu, mocotó, cabaço, macumba, bambo, chuchu, bengala, cacete, cachimbo, seriam de origem afro, segundo Clovis Moura. Citando Alfonso Trujillo Ferrari em *A Encruzilhada no Vale São Francisco.*

Médici utilizava constantemente a palavra “tigrada” para se referir à repressão, aliás brutal, em seu governo. “Tigrada” é um termo racista e escravocrata. Remonta aos escravos que eram obrigados a carregar toneis com fezes e urina dos senhores para despejar nas valas. O líquido cheio de ácido e amônia, escorria em suas costas, que o sol encarregava de manchar. Eram chamados de “tigres”.

Em Davos, os que falam de miséria e de injustiça são os mesmos que as produzem.

Eduardo Galeano

Por conta da derrota diante do Uruguai em 1950, a elite nacional acreditava que jamais seríamos uma pátria de campeões por causa da mistura racial. Esqueciam naquele momento que o carrasco do Brasil era o mulato Obdúlio Varela.

A jogadora Marta ganhou seis vezes a bola de Ouro do futebol, superando até mesmo Cristiano Ronaldo e Messi. Nariz achatado de afrodescendente, a atleta apareceu durante a atuação na Copa do Mundo Feminina ocorrida em julho de 2019, como engajada na luta pelo feminismo.

Envolvido em acusações no mínimo polêmicas envolvendo o fisco no Brasil, o jogador Neymar, que é mulato, disse que nunca sofreu discriminação racial porque não é negro. Apareceu em poses tanto com Temer quanto com Bolsonaro.

Declaração feita por Pelé na década de 70 dava conta de que o brasileiro não sabe votar. Foi infeliz. Mas agora em pleno 2019, o Rei do Futebol manifestar apoio a Bolsonaro só demonstra a ignorância do ex–jogador em relação à história da ascensão de atletas negros rumo ao sucesso no futebol brasileiro.

O futebol chegou ao Brasil para ser praticado no início por membros da elite e, a custo, foi se aceitando a presença de negros. Foi graças ao gol do mulato Friedenreich no jogo entre Brasil e Uruguai no Sul Americano de 1919 que conseguimos a vitória. Em 1921, correu o boato de que o Presidente da República, Epitácio Pessoa, exigira que só atletas brancos compusessem a delegação brasileira no torneio, como conta Rachel Soihet[51].

A presença de Leônidas da Silva, chamado de Diamante Negro[52], na Seleção Brasileira que iria ao Uruguai em 1932 enfrentou objeções. Fez os dois gols da vitória e aclamado com entusiasmo na volta, inclusive por Getúlio Vargas.

Leônidas da Silva morreu na pobreza. O mesmo ocorreu com Euzébio, carrasco do Brasil na Copa de 66, usado por Salazar para fazer propaganda do governo fascista português. Morto em 2014, precisou que o Benfica custeasse as despesas do enterro do craque moçambicano.

A injustiça do sistema econômico é a causa dos genocídios da paz.

Fernando Solanas

Garrincha era de origem indígena. Caso típico de 'aculturado excêntrico '(Brigadeiro Delio Jardim) que não conseguindo viver numa sociedade branca se embriaga constantemente até morrer. Délio foi um ministro militar do governo Figueiredo que criticou a eleição do cacique Juruna, deputado pelo PDT de Brizola. Atualmente temos a índia Joênia (Rede) na Câmara Federal.

---

[51] O Brasil Republicano.

[52] Leônidas chegou a ser garoto propaganda do chocolate com o mesmo nome. Teria sido o inventor da bicicleta , em que o atleta se atira com as duas pernas para cima para alcançar a bola.

O cacique Ângelo Cretã[53], de Mangueirinha, Paraná, primeiro vereador índio do Brasil, foi assassinado por questões de terras nos anos 80, segundo a Comissão da Verdade apurou.

Nem mesmo a fama de bicampeão do mundo livrou um jogador negro do Santos de ser barrado na porta de uma boate da supremacia branca nos anos 60. A Sociedade Garibaldi era destinada a italianos e a Sociedade Concórdia para alemães, foi depredada durante a II Guerra Mundial.

Fundado em 1909, o Coritiba teve como base sobrenomes como Hauer, Labsch, Obladen, Juchsch, Schlender, Essenfelder, Maschke, Kastrup, Muller, Dietrich, Calberg e Iwersen, em sua primeira partida oficial contra equipe de Ponta Grossa. Um time de branquinhos.

Ex-jogador do Coxa na década de 30 e presidente do clube nos anos 60, Arion Cornelsen era um velhinho alegre nos anos 90, quando o conheci graças a amizade com uma de suas filhas. Construiu o Estádio Couto Pereira. Pelo sobrenome se percebe, um time composto por alemães.

Arion Cornelsen era próspero empresário nos anos 70, quando tinha na avenida Marechal Deodoro uma grande loja. O filho Arionzinho foi tentar a sorte na Fórmula 3 correndo na Inglaterra. O jovem era então casado com Isabel, filha do escritor Dalton Trevisan, o Vampiro de Curitiba.

O trabalho feito por homens livres se torna mais barato que o realizado por escravos.

Adam Smith

[53] Sintomático foi assassinato do índio Galdino quando dormia na rua em Brasília. Jovens atearam fogo enquanto ele dormia. Na sequência, a Justiça foi bastante conivente com os criminosos, aprovados em concurso público. Um deles virou policial.

A luta pelo branqueamento leva os informantes a escamotearem-se à própria cor. Alguns negros ter-se-ão declarados mulatos, enquanto muitos mulatos ter-se-ão definido caboclos ou brancos, segundo Octavio Ianni[54], a propósito de levantamento demográfico realizado no final dos anos oitocentos em Curitiba.

O rebaixamento social vinha de antes, do tempo da Escravatura, onde o negro era semovente: podia ser herdado, doado, penhorado, arrematado, vendido, alugado, permutado etc. Findo o Cativeiro, foram trabalhar em atividades menos qualificadas socialmente.

Octavio Ianni menciona na página 147 que as atividades lúdicas dos negros eram vigiadas e punidas em Curitiba. Os senhores, conforme se pode ouvir pela voz dos vereadores do Império, não estavam dispostos a permitir a perturbação do sossego da comunidade. Algo em comum com a PM do século XXI?

Darcy Ribeiro[55] acredita que havia 5 milhões de índios no Brasil em 1500. Doenças vindas de fora, escravidão, destruição da sua cultura, levam a maior parte dos grupos indígenas à extinção.

Laurentino Gomes diz que durante o Brasil colonial exterminou-se um milhão de índios a cada cem anos. Depois houve uma recuperação lenta da população indígena. O dado está na página 188 de *Escravidão volume I.*

O Censo 2010 informa que há 800 mil nativos originais vivendo no País. Segundo a Fundação Nacional do *Índio* (Funai), existem 225 povos indígenas, além de referências de 70 tribos vivendo em locais isolados e que ainda não foram contatadas.

Na Vigília Lula Livre, em Curitiba, conheci a socióloga de origem pataxó Maria Flor. Foi essa etnia que recebeu Cabral em 1500 na Bahia, de onde a tribo foi expulsa. A socióloga conta os massacres

[54] *As metamorfoses do escravo.*

[55] *O povo brasileiro – a formação e o sentido do Brasil*

sofridos pela etnia e o recuo paulatino dos mesmos rumo ao interior do estado, de fazenda em fazenda, até chegar a Minas Gerais.

Sinto-me incomodado quando leio que a nau *Bretoa* chegou a Portugal em 1511 levando papagaios, peles de onça e 35 índios brasileiros cativos. Não é outra a percepção ao tomar conhecimento de que durante leilão em 1515, mais 85 foram vendidos na Espanha[56]. Como descendente dos povos originários, sinto a dor dos nossos antepassados.

A notícia da posse de Bolsonaro em janeiro de 2019 foi acompanhada do assassinato de 19 índios no Mato Grosso do Sul. Em julho, garimpeiros mataram índios no Amapá. E a história de Darcy está ligada ao trabalho de visitas aos sertões brasileiros.

O antropólogo Darcy Ribeiro conheceu o próprio Marechal Rondon, grande benemérito dos índios, com quem trabalhou nas selvas. O antropólogo foi o criador da Universidade de Brasília e ministro de Jango. Perseguido pela Ditadura, foi preso e teve que se asilar fora do país.

A tentativa de tímida reforma agrária no Governo João Goulart (1961-1964) redundou em golpe militar e na implantação da Ditadura (1964-1985) provocando 434 mortos e desaparecidos, muitos torturados, exilados, assassinato de 8 mil índios e o Congresso Nacional fechado durante os governos Castelo Branco (1964-1967), Costa e Silva (1967-1969) e Geisel (1974-1979).

Tudo concorre para privar de justiça e de razão um homem elevado à posição de comandar os demais

Rousseau

Castelo Branco até tentou emplacar avanço na área rural com o Estatuto do Terra, que sofreu forte pressão dos donos do latifúndio. Alguns meses após deixar o governo, insatisfeito com a "Revolução"

[56] Laurentino Gomes.

que ele mesmo pariu, o avião em que o ex-presidente viajava, caiu em um "acidente" no mínimo suspeito. O outro motivo que pode ter levado a uma sabotagem pode ter sido o fato de que Castelo Branco garantiu a posse de governadores eleitos pelo voto direito em 1965. Os "duros" da Ditadura eram contra a posse.

Como já se falou antes, Porecatu, no Norte do Paraná, foi palco nos anos 40 e 50, de sangrentas lutas pela terra. A Comissão da Verdade apurou que na região registrou-se a participação do finado deputado Aníbal Cury, que se destacou pela grilagem de terra e consequente assassinato de índios.

Oswaldo Heller da Silva, autor de *A Foice e a Cruz*, comunistas e católicos na história do sindicalismo dos trabalhadores rurais do Paraná, narra a história da Guerrilha de Porecatu, o massacre dos posseiros, o surgimento da militância sindicalista e sua extinção quando da chegada da Ditadura, a partir de 1964.

A supressão do sindicato livre e já nessa fase sujeito à ação anticomunista, em conluio com a Igreja Católica, deu margem ao surgimento de grande número de boias-frias, mão de obra barata e explorada pelos produtores rurais.

"A modernidade capitalista transformou a terra em mercadoria quando a fez propriedade individual e transferível a quem não a usa. Antes da invenção moderna da propriedade individual da terra, seu uso era determinante" e diz mais "....no conceito da época era lavrá-la, fazê-la produzir bens consumíveis que para o capitalismo se chamaria mercadoria". O texto é de Carlos Frederico Marés em *Função Social da Propriedade*.

A luta pela terra já é antiga. Remonta aos irmãos Graco na Roma antiga, passando por Zumbi dos Palmares, Antônio Conselheiro, Guerra do Contestado, Ligas Camponesa de Julião, Porecatu até chegar ao MST.

ACIDENTES OU ASSASSINATOS?

Nunca imaginei que havia criado um monstro.

Golbery do Couto e Silva, sobre o Serviço Nacional de Informações.

"Acidentes" suspeitos ocorreram também com o ministro do STF, Teori Zavatski, Juscelino Kubitscheck, Carlos Lacerda, Ulysses Guimarães, Tancredo Neves, Eduardo Campos, Hugo Chavez, Enrico Mattei, entre outros. Odiado pela Ditadura, Brizola sofreu vários atentados e Fidel Castro, na alça de mira da CIA, cerca de 600 tentativas de assassinato. Os dois últimos sempre escaparam. Yasser Arafat teria sido envenenado no hospital.

No caso da morte de Ulysses Guimarães (1916-1992), conforme conta Rosane Collor, no seu livro sobre a convivência e separação com o ex-presidente da República, "o Fernando (Collor) de certa maneira festejou o infeliz destino do deputado, que teria perecido na chamada 'maldição do impeachment' juntamente com PC Farias e outros".

O sistema tinha motivos de sobra, além da deposição de Collor, para visar Ulysses. O parlamentar havia sido o anticandidato contra Geisel em 1973; na sequência o Senhor Diretas na campanha das Diretas

Já e também o grande motivo para a Constituição Cidadã, por ele promulgada em 1988.

O próprio FHC aventa a possibilidade de que Tancredo Neves tenha sido envenenado, embora o neto Aécio considere tal boato sem fundamento.

E Lula? Poderia também ser morto na prisão? A Folha de S. Paulo revelou em reportagem publicada em agosto de 2019 que o ex-presidente tem assessoria de quatro assessores encarregados de sua segurança, fato que é garantido por lei. Há cuidado permanente até mesmo com a possibilidade do uso de drones em cima da Polícia Federal (PF) no bairro S. Cândida, em Curitiba.

Uma empresa terceirizada preparava e levava até os presos os alimentos que são utilizados por todos, estejam na Superintendência da Polícia Federal ou em Piraquara: Zé Dirceu, Vacari, Lula, entre outros. O médico Doutor Rosinha, presidente do PT do Paraná, havia manifestado preocupação com a possibilidade de envenenamento de Lula.

Lula era constantemente visitado por amigos, familiares e advogados e namora a socióloga Rosângela Silva (Janja) . É preciso lembrar que o fundador do PT e também Dilma Rousseff sofreram de câncer. Coincidência?

Há duas maneiras de conquistar um país estrangeiro: uma é ganhar o controle do seu povo pela força das armas; a outra é ganhar o controle de sua economia por meios financeiros.

Foster Dulles, chefe da CIA.

O certo é que representantes da Direita são privilegiados por vários fatores, como se verá a seguir no caso de FCH e Collor, acusados de corrupção, mas incólumes em relação à *Justiça*. Como se explicaria a fortuna dos tucanos Fernando Henrique Cardoso e

José Serra, impunes? FHC é proprietário de imóveis em Paris, utilizando em particular um deles no valor de 11 milhões de euros. Serra e a filha enriqueceram muito além dos padrões normais supostamente envolvendo negócios da privataria promovida de 1995 a 2002, época do governo Fernando Henrique.

Dezenas de empresas estatais foram vendidas e o dinheiro, ninguém viu. E o mote do governo da época era "vender para ter dinheiro para a educação". Qualquer semelhança com Paulo Guedes: capitalizar a Previdência para criar empregos não é mera coincidência.

"A Previdência Social brasileira tem uma história de sucesso na proteção dos trabalhadores contra a perda dos rendimentos de trabalho. Começou atendendo uns poucos privilegiados e, paulatinamente, se tornou um direito de todos", diz Luciano Fazio[57].

A Reforma da Previdência retira o sagrado dinheiro dos aposentados para entregar aos bancos, isto é, para o pagamento da dívida pública imoral. Dados econômicos mostram que os maiores devedores da Previdência são a Globo e os bancos.

"Bismarck implantou a partir de 1880 um abrangente sistema de seguridade social oferecendo ao trabalhador seguro contra acidente, doença e velhice", diz o suspeito Milton Friedman[58], "seus motivos eram a preocupação paternal com as classes mais baixas e esperteza política".

A Suécia aprovou as pensões compulsórias dos idosos em 1915. As pensões eram pagas a todos depois de 67 anos de idade, independente de sua condição financeira. Canadá (1926), Portugal (1974) passaram a ser sistemas universais, contudo, no Brasil, o sistema só foi adotado com a Constituição de 1988. Assim todos os brasileiros teriam direito a cobertura previdenciária, serviço de saúde e assistência social. O grande debate, diz Brian Nicholson, desde 1990 tem sido

57. *O que é previdência social.*
58. *Livre para escolher – um depoimento pessoal.*

como acabar com a Previdência. Infelizmente o passo dado em julho de 2019 pelo Congresso Nacional é grave ameaça à nossa Previdência. *"Governo e feijão só funcionam com pressão"*, diz Frei Beto.

Pobre México, tão longe de Deus e tão perto dos Estados Unidos.
Melancólico dito de um mexicano

Nos Estados Unidos, diz Friedman, os benefícios de assistência social de mais de US$ 40 bilhões foram concedidos a mais de 17 milhões de beneficiários em 1978. Laureado com o Nobel de Economia, Milton Friedman prega que o Capitalismo oferece igualdade de oportunidades, o que é uma falácia. "Se uma criança não tem bom rendimento escolar porque está com fome e não consegue se concentrar na aula, não podemos dizer que ela não está se saindo bem por ser inerentemente menos capaz", responde Há-Joon Chang[59].

[59] *23 Coisas que não nos contaram sobre o Capitalismo*

DIREITOS NEM SEMPRE HUMANOS

Questão social é caso de polícia.

Assim o ex-presidente brasileiro Washington Luís resumiu a postura que adotava contra os incipientes movimentos sociais que incomodavam seu governo, de 1926 a 1930.

"A Declaração dos Direitos do Homem, no fim do século XVIII, foi um marco decisivo na história. Significa que doravante o Homem, e não o comando de Deus nem os costumes da história seria a fonte da Lei. Independente dos privilégios que a história havia concedido a certas camadas da sociedade ou a certas nações, a declaração era ao mesmo tempo a mostra de que o homem se libertava de toda espécie de tutela e o prenúncio de que havia atingido a maioridade". (p. 324)

O texto acima é de autoria de Hannah Arendt, filósofa judia, refugiada do Nazismo nos Estados Unidos. *"A soberania do povo (diferente da do príncipe) não era proclamada pela graça de Deus, mas em nome do Homem, de sorte que parecia apenas natural que os direitos 'inalienáveis ' do Homem encontrassem sua garantia no direito do povo a um autogoverno e se tornassem parte inalienável desse direito*", acrescenta Arendt.

Bem, já foi um avanço, mas é preciso salientar que foi graças ao Feminismo que as mulheres conseguiram lograr diversos direitos. A Declaração dos Direitos do Homem não reservava o mesmo direito às mulheres. Tanto que uma cidadã, durante a Revolução Francesa, se levantou e exigiu a igualdade, sendo conduzida à guilhotina por tal atrevimento.

Em meados do século XIX, um grupo de mulheres se revoltou contra a jornada diária de 16 horas por dia de trabalho, sendo trancadas no interior de uma fábrica, onde morreram carbonizadas. Somente em 1918 a Inglaterra concedeu o direito de voto às mulheres e em 1920 nos Estados Unidos.

No Brasil, há 100 anos a mulher precisava pedir autorização ao pai, ao marido ou ao filho mais velho para sair da própria casa. E não tinha direito à guarda dos filhos. Na década de 70, o advogado de Doca Street, que havia assassinado a tiros Ângela Diniz em Búzios, alegou "legítima defesa da honra" para justificar o ato.

E o atual presidente da República ofendendo em público a deputada Maria do Rosário ("não te estupro porque você não merece") foi condenado a pagar uma indenização monetária à vítima. As declarações machistas e misóginas do então deputado federal, agora revestido do mais alto cargo do Executivo brasileiro, têm contribuído para aumentar as taxas de feminicídio no Brasil, comprovado estatisticamente. Feminicídio[60] e estupro.

Canções aliando violência como o fez, por exemplo, Sidnei Magal (*se te agarro com outro te mato, te mando algumas flores e depois escapo*) e racismo, como em Luis Américo (*a nega é minha, ninguém tasca, eu vi primeiro*), são comuns no cotidiano nacional. Ao homem a vastidão do mundo; à mulher as fronteiras do lar.

---

[60] Segundo levantamento de O GLOBO, com base em um estudo realizado pelo professor Jefferson Nascimento, doutor em Direito Internacional pela USP, o Brasil registrou 107 casos de feminicídio nos primeiros 20 dias de 2019. O Brasil é o quinto país no mundo em feminicídio.

Já entre os portenhos, a luta das mulheres avançou. As chamadas *locas de mayo* ou *madres de mayo* consagraram todas as quintas-feiras diante da Casa Rosada, na Argentina, para padronizar o eterno protesto da Democracia contra a Ditadura. Exemplo de Resistência.

Eu me preocupo muito sobre que mundo vou deixar para minha neta. Vivemos uma vida competitiva, baseada no ter do mundo capitalista. Mas será que sempre foi assim? As feministas dizem que não. Teria havido uma época em que as mulheres eram consideradas sagradas porque se supunha que pariam dos deuses. Ela era a deusa. Vivia-se, portanto, no Matriarcado.

O poder gerador das mulheres era a origem do seu poder econômico. A propriedade de tudo era comum. Não havia competitividade e sim solidariedade e partilha. A guerra era impensável. O poder tornava-se uma tarefa a mais, um serviço e, por isso, passava de mão em mão.

Havia então vez e voz para todos. Como o governo era exercido pelas mulheres e estas, não tendo força física, governavam pela persuasão, pela sedução e por consenso. Página 170. *Feminino e Masculino – uma nova consciência para o encontro das diferenças*[61].

Voltando ao caso Maria do Rosário, não foi só ela a agredida. Sarney dizia logo após ser empossado presidente da República, que a "liturgia do cargo" requer cautela de quem o exerce. E o então homem forte de Portugal, Antônio Salazar, salientava na década de 50 que era perigoso afirmar que ele mesmo não gostava de fado (música lusa) e que suas ações e palavras representavam o risco de serem copiadas por todo o povo português. Bolsonaro não segue tais preceitos e deita falação pelos cotovelos.

[61] Rose Marie Muraro e Leonardo Boff.

O atual Chefe do Executivo chegou a dizer que o sargento da Aeronáutica preso com 39 quilos de cocaína na Espanha deveria ter sido preso na Indonésia, país que condena tráfico de drogas com a pena de morte. Tanto o subordinado quanto seu chefe viajaram na mesma comitiva. Recorde-se que Bebiano, presidente do partido que acolheu Bolsonaro, foi escanteado meses depois da posse do atual presidente. Trair e coçar é só começar. "Direitos humanos é o que essa gente quer" - dizia Bolsonaro durante a campanha – "mas direitos humanos é só para nós." (elite).

Não há esperança de sobrevivência humana sem homens dispostos a dizer o que acontece

Hannah Arendt

O episódio de Bebiano tem precedentes na história do Nazismo, pois Hitler encomendou a morte de aliados importantes em sua caminhada, livrando-se deles no famoso episódio da '*Noite dos Longos Punhais*', fato que chocou até mesmo o aliado Mussolini. Bebiano chegou a se queixar declarando a uma revista que conhecia bem Bolsonaro: "Quantas vezes conversamos os dois de cuecas".

Nada melhor do que a História para fazer um paralelo. Hitler é feito chanceler em 30 de janeiro de 1933. Como parte de um plano diabólico de criminalização dos inimigos, o governo culpou os comunistas pelo incêndio do Reichstag. As garantias constitucionais são suspensas, milhares de pessoas são presas. Logo em seguida Hitler pede ao Reichstag para legislar por decreto. Cassa em seguida o mandato de 81 deputados comunistas.

Esse tipo de perseguição à Esquerda aconteceu tanto durante a Ditadura de Vargas, no governo Eurico Dutra quanto na Ditadura de 64. E o atual mandatário brasileiro tem abusado de legislar por decreto (como aliás fez Vargas no período ditatorial). Na Alemanha Nazista, os salários foram reduzidos e a liderança sindical perseguida. Página 418. *História Econômica* – Francisco de BB Magalhães Filho.

Voltando ainda a citações de Hannah Arendt: "Como a Humanidade, desde a Revolução francesa, era concebida à margem de uma família de nações, tornou-se gradativamente evidente que o povo, e não o indivíduo, representava a imagem do homem", página 325. Já Hitler dizia: "Daqui pra frente na Alemanha o importante não será o indivíduo, será a nação, a pátria", bem parecido com alguém em nosso país que teve por lema de campanha política "Brasil acima de tudo".

Arendt menciona "...os líderes totalitários, enquanto vivos sempre comandam e baseiam-se nas massas". Diz ainda a autora judia: "a propaganda dos movimentos totalitários, que precede a instauração dos regimes totalitários, é invariavelmente tão franca quanto mentirosa". Tais palavras casam bem com o atual momento político (2019), quando o charlatanismo político da direita tenta continuar enganando milhões que saem às ruas vestidos de verde e amarelo. Atualíssimo. Página 356.

Quando ajudei os pobres me chamaram de caridoso. Quando perguntei por que havia pobres me chamaram de comunista

Dom Helder Câmara

Nas memórias de Geisel, colhidas por dois pesquisadores, Maria Celina D´Araújo e Celso Castro, o então ex-presidente, naquele momento dirigente de determinada empresa da área petrolífera, dizia que "sempre concebeu um governo forte", calcado no conceito de Mussolini, a quem Geisel admirava e cuja biografia havia lido.

A obra foi revisada pela filha Amália Lucy Geisel e foi publicada pela Editora Fundação Getúlio Vargas em 1997. O que significa que a exigência do pai foi cumprida, isto é, publicação sob censura. Os dois pesquisadores se comportaram como dois colegiais diante do *imperador* Geisel. Já Elio Gasperi foi além. Em 2018, alguém nos arquivos da CIA confirmou o que Gasperi já sabia: os massacres sob leniência do então presidente.

Estado forte no Brasil? Geisel era nacionalista, mas os atuais generais brasileiros não são. Desde o atual vice-presidente, General Mourão, passando por Villas-Boas Correia, nenhum deles se posiciona pela defesa da Amazônia. Todos entreguistas.

Favorável à tortura, Geisel, mesmo com a série de crimes nas costas, era nacionalista. Defendia as estatais brasileiras. Na sua biografia, o general-presidente lembrava que há 100 anos o Brasil chegava a importar manteiga. Absurdo. Agora no atual momento querem que o Brasil volte a ser colônia, como há um século. Apenas exportador de matéria-prima. A Lava Jato destruiu a indústria nacional.

"Os próprios nazistas começaram a sua exterminação dos judeus privando-os, primeiro, de toda condição legal e separando-os do mundo para ajuntá-los em guetos e campos de concentração", diz Hannah Arendt, o que faz supor a possibilidade de ampliação do genocídio contra índios no Brasil, onde se editam medidas provisórias contra o direito dos povos originários desse país e que aqui vivem há 50 mil anos.

Geisel foi o criador do senador biônico em 1978. A propósito foi ele que indicou um dos grandes beneficiários da Ditadura para ser governador da Bahia: Antônio Carlos Magalhães (ACM), autor da frase: "Basta ter um chicote numa das mãos e o dinheiro na outra".

AVANÇO DA DIREITA

Atira, covarde!

Últimas palavras de Ernesto Che Guevara diante do seu carrasco, sargento Mario Teran, escalado para executá-lo friamente depois de capturado.

"A Maldição do Che" é relatada no livro de Anderson sobre o fim do principal revolucionário latino americano de origem argentina. Todos os militares que participaram da caçada final ao argentino ou foram assassinados ou se suicidaram. Um deles, que pegou um *souvenir* do próprio morto, mecha de cabelos, passou a sofrer de asma alguns dias depois. Detalhe, Che era asmático.

"Lembre-se, você está matando apenas um homem", teria dito Che Guevara. É claro, o ideal revolucionário seria mantido na América Latina e no mundo. Não se matam as ideias.

Assessor de um presidente dos EUA e integrante da contrapropaganda americana, Zbigniew Brzezinski, escreveu um livro intitulado *Grande Fracasso,* sobre a *desunião soviética* em que procura desqualificar Che Guevara entre outras coisas.

"O legado de Guevara" – diz Brzezinski – "recebeu a infusão maciça através do aparecimento da Teologia da Libertação". A doutrina tirou seu nome do best-seller do teólogo católico Gustavo Gutierrez (*Uma Teologia da Libertação*), publicado em 1971.

Brzezinski destila sua ironia até mesmo para a então jovem deputada Jandira, na época com 29 anos, "amplamente admirada em seu biquíni como símbolo sexual na praia de Copacabana". Página 226.

A Teologia da Libertação, com Frei Beto e Frei Leonardo Boff, foi fundamental como parte da estratégia popular para a derrota final da Ditadura em 1985 e também para o surgimento do Partido dos Trabalhadores.

O livro *Grande Fracasso*, que narra início, decadência e queda do comunismo na União Soviética, foi editado pela Biblioteca do Exército, este supostamente defensor da democracia, quando na verdade existe para defender os privilégios corporativos, como aliás se viu no processo da Reforma da Previdência.

Ao contrário de Michel Temer, que "vendeu a alma ao diabo" e decidiu trair Dilma Rousseff, tornando-se assim presidente da República ilegítimo, o então vice-presidente José Alencar foi procurado por membros da elite nacional com tentadoras ofertas. A promessa era de que ele, Alencar, estava na iminência de assumisse o poder. O empresariado "daria um jeito".

Mas José Alencar era um homem honrado. Recusou a oferta indecente. E Lula, ao contrário da presidenta Dilma, cumpriu até o fim os dois mandatos.

No Brasil, não existe discriminação racial. Os negros sabem onde é o seu lugar.
Millor Fernandes

Creio que a maioria os leitores prestou atenção ao poema Analfabeto político nas primeiras páginas deste livro. Berthold Brecht, o autor, era dramaturgo alemão e teve que deixar seu país na década de 30 por conta da perseguição movida pelos Nazistas aos intelectuais.

Pensar é muito perigoso. Thomas Mann, Albert Einstein, Sigmund Freud, Hannah Arendt e outros pensadores, filósofos, cientistas e escritores fugiram da Alemanha Nazista. O mesmo fizeram no Brasil em 2019, o ex-deputado Jean Willys (PSOL) e a filósofa Marcia Tilburi, ex-candidata ao governo do Rio de Janeiro.

Religião, política e economia são os pilares da dominação, segundo a Matrix. Até 2010, mais de 30 mil religiões cristãs estavam catalogadas no planeta. As crenças religiosas impedem o ser humano de ser o livre condutor do seu destino. E a palavra *herege* deriva do grego *hairetikis* e significa "o indivíduo enquanto agente de escolha", segundo Marcelo da Luz, autor de Onde a religião termina?

Alegar que odeia política porque todo político é corrupto é fruto de uma construção cujos interesses são a volta da Ditadura Militar, a ascensão de militares como os generais Villas-Boas Correia e Augusto Heleno, todos apostando no regime de arbítrio que possa garantir seus privilégios. Os militares das três Forças Armadas não entraram na Reforma da Previdência. Heleno teria sido íntimo do general Sílvio Frota[62], de triste memória pela tentativa de golpe em 1977.

Por ser um anticomunista extremo, representou a linha-dura do regime militar brasileiro. Tencionava candidatar-se à presidência, contra os desejos de Geisel, que escolhera o general João Figueiredo como seu sucessor. Após uma grave crise na cúpula do governo, o presidente Geisel o exonerou em 12 de outubro de 1977.

Criado por Che Guevara, o programa *Mais Médicos*[63] destinou-se a levar ajuda humanitária a países onde a falta de recursos sanitários e

[62] Sílvio Frota (em grafia antiga Sylvio Couto Coelho da Frota) GCA (Rio de Janeiro, 26 de agosto de 1910 — Rio de Janeiro, 23 de outubro de 1996) ministro do Exército durante o governo Ernesto Geisel.

[63] Mais Médicos é um programa lançado em 8 de julho de 2013 pelo Governo Dilma, cujo objetivo é suprir a carência de médicos nos municípios do interior e nas periferias das grandes cidades do Brasil. O programa levou 15 mil médicos para as áreas onde faltam profissionais. O programa chegou, até 2017, a ter 18.240 médicos, garantindo acesso a 63 milhões de pessoas em 4.058 municípios.

de saúde eram precários. Cuba contribuiu, por exemplo, para a independência de Angola. No Brasil, o programa chegou por iniciativa da presidenta Dilma Rousseff.

Houve grande resistência por parte dos médicos nativos no Brasil diante da chegada dos cubanos. Ser um profissional desta área no país é um luxo, haja vista o poder aquisitivo que se precisa ter para cursar Medicina. Me lembro que em Curitiba, um médico ginecologista - Jacy Leal Júnior - ligado a uma grande clínica local, saiu às ruas para protestar.

Jacy Leal Júnior foi visto no facebook ao lado de dois candidatos, o deputado da elite curitibana, Felipe Braga Cortes (federal) e Ney Leprevost (estadual). Braga Cortes descende de uma família tradicional local, que remonta aos fundadores de Curitiba.

A presença dos médicos cubanos no Brasil foi de grande importância porque esses profissionais se acham imbuídos do verdadeiro espírito do patrono da Medicina, o grego Hipócrates, bem ao contrário do espírito mercantil dos tradicionais médicos brasileiros, ligados aos interesses da indústria química, cujo escopo é manter a indústria da doença.

Graças a infelizes declarações de Bolsonaro, os médicos cubanos, que foram trabalhar onde ninguém aceitava ir, como os rincões da Amazônia ou Nordeste, os profissionais de saúde da ilha do Caribe acabaram voltando ao país de origem. Perdeu a saúde brasileira.

Em julho de 2019, Bolsonaro chegou a dizer que os jovens não devem se interessar por política. Fala idêntica havia sido feita por um certo deputado chamado João Rodrigues de Carvalho em 1830. Ele advertia sobre o risco de uma revolução negra acontecer "caso apenas um deles saiba ler".

Ao rebater a crítica de Lula ao seu ministério, Bolsonaro disse que "pelo menos não há cachaceiro". A referência à aguardente nacional remete a uma quadra popular do tempo do Cativeiro, citada por José Alipio Goulart:

Todo branco quando morre,
Jesus Cristo é quem levou.
Mas o negro quando morre
Foi cachaça que matou.

DÍVIDA ILEGÍTIMA

A dívida é a mãe prolífica de loucuras e crimes.

Benjamin Disraeli.

Impossível abordar os problemas do Brasil sem falar especificamente sobre Economia, mais precisamente sobre o controle dos recursos públicos, o sagrado dinheiro do povo. Aí entra Maria Lúcia Fattorelli, autora de *Auditoria Cidadã da Dívida dos Estados*: "O endividamento público é o nó que amarra o Brasil".

"A dívida pública impede o desenvolvimento sustentável e a justa distribuição de renda", diz Fattorelli. Quase 50% da arrecadação de impostos são carreados para o pagamento desse ônus. Destino: os bancos. A economista publicou seu livro em 2013, quando o Brasil era então a sexta economia mundial, mas na 85ª posição em IDH (Índice de Desenvolvimento Humano) da ONU.

Na introdução da obra, Fattorelli argumenta: "não se conhece a origem dessas dívidas; como foram contraídas; quanto realmente recebemos e quanto já pagamos". Muito sério. Me faz lembrar do *Big Brother* de George Orwell, da obra *1984*, onde todos são submetidos a um regime de terror. Enfim, há interessados em nos manter escravizados.

É possível pagar menos? Sim, o Equador conseguiu a partir de 2007 através do então presidente Rafael Caldeira (2007-2017). Concluíram que 70% da dívida externa equatoriana estava irregular, sendo anulada tal fração. No Brasil, sempre faltou vontade política com esse objetivo, mesmo nos governos de um Brasil soberano com o PT. França, Portugal, Grécia e Irlanda também realizaram auditorias da dívida pública.

Há quem diga que por trás de todas as guerras ocorridas no planeta, desde as napoleônicas, houve influência direta dos Rothschild[64]. A família venderia armas para ambos os lados. Teriam o controle da maioria dos Bancos Centrais de todo o mundo.

Falar de Economia sem falar sobre as origens da própria Economia seria dar um salto alto demais. Quando será que começou essa disputa pela terra? Em *História Econômica*, Francisco de BB. de Magalhães Filho diz que "de todas as modificações sociais produzidas pela passagem do estágio de coletor para o agrícola, a mais importante é o surgimento, e posterior evolução, da instituição da propriedade".

"Já vimos como, enquanto caçador e pescador, vivendo em tribos pequenas, o homem desconhecia a propriedade. Todos produziam para todos", completa Magalhães. Todos trabalhavam e produziam, e a produção era distribuída entre todos. Curioso! Não é comunismo?

A parte mais quente do Inferno está destinada aos que não tomaram partido, ou seja, aos neutros.

Dante Alighieri

Estamos nos tornando escravos da Economia por ignorância do próprio papel que ela desempenha. As sociedades arcaicas, nos ensina

[64] Rothschild é uma família judia, com origem em Hamburgo, Alemanha, que estabeleceu uma dinastia bancária na Europa. Prosperou no fim do século XVIII, e chegou a ultrapassar as mais poderosas famílias bancárias rivais da época, como a família Baring e a família Berenberg. Estão envolvidos em diversos campos, incluindo: mineração, bancos, energia, agricultura mista, petróleo, comunicação social, vinho e instituições de caridade.

Capra, tinham como princípio o "governo da casa", significado do grego "oikonomia", raiz do vocábulo economia.

A propriedade era em primeiro lugar comunal, ou seja, de participação. A sociedade não privava o indivíduo de algo; propriedade *privada* significa despojar ou 'tirar de'. Mas nos primórdios, a vestimenta, a habitação, os alimentos e outros recursos eram produzidos para valor de uso e distribuídos numa base recíproca.

Qual é o valor a ser seguido? Pois são os valores que definirão a mudança cultural. O atual sistema materialista – lembra Capra[65] – se baseia no sistema de consumo em contraposição com o sistema budista de bem-estar do ser humano.

"A todos segundo sua necessidade; para todos segundo sua capacidade", diziam Marx e Engels em *O Manifesto Comunista* em 1848. A História muda, o ideal de solidariedade segue mesmo com avanços e fracassos do Socialismo. Sem os dogmas do século XIX. Também sem a *Comunistofobia.*

O sofrimento e a dor tornaram Luiz Carlos Prestes[66] um homem de grande sensibilidade, sabedoria, tirocínio social e faro político, conforme passarei a relatar a seguir. A história do Cavaleiro da Esperança é recheada de lutas e entrega ao ideal.

Foi secretário-geral do Partido Comunista Brasileiro e foi companheiro e posteriormente marido de Olga Benário, morta na Alemanha Nazista na câmara de gás, após ser entregue àquele regime pelo governo do presidente Getúlio Vargas.

Ninguém mais lúcido do que Luiz Carlos Prestes ao falar sobre ideal. "Um dia quando a humanidade construir uma sociedade igualitária,

---

[65] Fritjof Capra – O Ponto de Mutação – a Ciência, a Sociedade e a Cultura emergente.

[66] Luiz Carlos Prestes (Porto Alegre, 3 de janeiro de 1898 – Rio de Janeiro, 7 de março de 1990) foi um militar e políticocomunista brasileiro, uma das personalidades políticas mais influentes no país durante o século XX.

todos terão liberdade para fazer qualquer coisa. Quem quiser fumar maconha, vai fumar. Homem que quiser casar com homem, vai casar. Mas essas coisas virão sem repressão religiosa, policial, ditatorial ou política. Quem sabe eu sou o último comunista do mundo. Se o socialismo errou, não quer dizer que o capitalismo acertou", dizia.

Extraordinária narrativa de Maria Prestes, sua companheira durante 40 anos. Da mesma forma que Agildo Barata (pai do humorista Agildo Ribeiro), ela via o líder comunista como um homem seco, amargo e que roía as unhas. Ao contrário desse ponto de vista, pude ver uma entrevista do Cavaleiro da Esperança num programa de Jô Soares. Ali, ele passava uma imagem bem otimista ao final da longa vida de lutas.

Somos um país colonizado porque a leniência das autoridades pouco patrióticas permitiu que o Brasil *comprasse* a cultura ianque. Maria Prestes conta que o Cavaleiro da Esperança alertava para que jamais se consumisse refrigerante americano: "Quando a Coca-Cola entrar aqui, o imperialismo entrará junto", disse. Consumimos filmes, música, carros, etc., tudo que a sabujice brasileira ousou fazer para se submeter.

Prestes e família viveram durante muitos anos na União Soviética. Lá foram visitados por compatriotas de Esquerda. Maria conta que "vários de nossos camaradas chegavam comunistas e voltaram para o Brasil verdadeiros anticomunistas. Eles não aceitavam de forma alguma a baixa qualidade de vida do cidadão no país dos soviéticos", diz.

"Não podiam entender como uma potência internacional não podia oferecer à sua população um liquidificador, uma máquina de lavar roupa, um automóvel ou um *freezer*. A maioria ficava indignada com o tamanho das filas, com o baixo padrão dos produtos expostos no comércio". Pudera, é mais fácil ser consumista do que ser comunista.

A cadela do Fascismo está sempre no cio.

Berthold Brecht

Ainda falando sobre Prestes e a ameaça imperialista, é importante notar que no processo de imbecilização da inteligência nacional, o uso de símbolos exerce papel fundamental como o escudo do Capitão América nas camisetas, Nike, Chevrolet, Coca-Coca, etc.

É sobre o assunto que escreve Hélio Couto: os arquétipos representam verdadeiros símbolos de dominação. Ao invés de Saci Pererê, temos aqui o Halloween.

O MANTRA DOS TOLOS

Hoje é o novo dia
De um novo tempo
Todos nossos sonhos serão lembrados
O futuro já começou
Hoje a festa é sua.

Todos os anos, a partir de novembro, a Rede Globo roda seu comercial de boas festas para lembrar aos fieis telespectadores enganados que eles precisam repetir o mantra de sempre: "A festa é sua". Cria-se um clima irreal de fantasia e otimismo entre os que assistem atores como Toni Ramos e Regina Duarte, Maitê Proença e Suzana Vieira dançando e cantando. No Ano Novo, com certeza, vai melhorar, assim pensam os ludibriados pela emissora.

A Rede Globo de Televisão, inimiga número 1 do Brasil, merece um capítulo especial na análise de conjuntura. *A História Secreta da Rede Globo*, de autoria de Daniel Herz, mostra claramente os vícios dessa organização poderosa desde a sua origem.

A emissora é a fábrica das ilusões da Matrix, tema para a Semiótica. Induz o seu público mediano a acreditar que algum dia pode namorar a atriz (ou o ator) dos sonhos, ter os carros maravilhosos ou apartamentos à beira da praia. Com a sensualidade e o erotismo das novelas, incentiva o estupro.

Eu vejo o futuro repetir o passado

Cazuza

"*Sim, eu uso o poder*", frase atribuída a Roberto Marinho, objeto durante a Ditadura de uma CPI, responsável por apurar todas as irregularidades da empresa conduzida por Marinho. O livro de Herz, editado em 1987, já constatava na época uma receita de U$ 500 milhões e um valor patrimonial de U$ 1 bilhão. Morto o patriarca, os irmãos Marinho, herdeiros, figuram entre os homens mais ricos do Brasil.

A custa de quê? A custa da desgraça do país. Há um lado da Rede Globo que é invisível para os que se relacionam com essa empresa simplesmente como telespectadores. Há algo que só se percebe olhando-se por trás da empresa. Sua implantação foi criminosa conforme se demonstrou.

A Globo faz parte daquilo que o saudoso Paulo Henrique Amorim chamava de PIG – Partido da Imprensa Golpista. Amorim mesmo trabalhou lá dentro e conviveu algumas vezes com o dono, Roberto Marinho, morto com mais de cem anos e motivo de extraordinário alarde por parte de Pedro Bial na ocasião. Naquele momento, parecia que um rei havia falecido, tal era o nível dos elogios e louvações de Bial ao seu augusto patrão.

Eu não preciso ler jornal. Mentir sozinho eu sou capaz.

Raul Seixas

O processo de lavagem cerebral e hipnose da opinião pública brasileira tem raízes. A legislação que regulamenta as concessões de rádio e televisão, vigentes há décadas, atribuem ao presidente da República um poder absoluto. Durante o governo Figueiredo, por exemplo, foram feitas mais de 700 concessões de rádio e televisão.

Mas o processo viciado vem lá de trás. A CPI realizada em 1965 apontou a inconstitucionalidade da criação da Globo no Brasil. O então mandatário moralizante do país, o marechal Castelo Branco, ora entronado no Palácio do Planalto, tomou conhecimento de tudo. Nada fez. Costa e Silva referendou a emissora, porque era aliada da

Ditadura. O preceito de Maquiavel estava mais atuante do que nunca: "para os amigos tudo, para os inimigos a lei".

O jornal O Globo havia sido protagonista da crise em que se envolveu toda a imprensa da época contra Getúlio Vargas e que redundou no suicídio do presidente. O mesmo se deu na deposição de João Goulart. De 1951 a 1954, cita Herz, é que a CIA – *Central Inteligence Agency*, começou a operar no país.

Os grande jornais, financiados pelas agências de publicidade estrangeira e pelas grandes empresas multinacionais, moveram violentas campanhas contra o governo, conseguindo entre outras concessões a demissão do ministro do Trabalho, João Goulart. Os Estados Unidos desestabilizaram a economia com uma série de medidas, entre as quais bloqueios às exportações de café. Página 81.

Caluniar e difamar faz parte da estratégia da elite nacional e internacional para desestabilizar os governos populares/desenvolvimentistas. Foi assim com Getúlio, Juscelino, Jango, Dilma e Lula[67]. Voltemos, pois, aos anos 50 e 60. O Executivo foi bombardeado por denúncias de corrupção, incompetência, irresponsabilidade e ilegalidade. Os meios de comunicação, controlados pela publicidade estrangeira, assumiram essas campanhas, lembra Herz, autor de dissertação de mestrado.

O objetivo na época (governos Getúlio/Jango) era desmobilizar os setores que reivindicavam as mudanças sociais e, por outro lado, instigar toda a sociedade contra o governo constituído. A economia foi novamente desestabilizada nos anos 60 pelos EUA. Não se trata do Petrolão, trata-se dos anos 50 e 60. Mera coincidência?

"Foi nesse contexto" - diz Herz – "que nova estratégia de

[67] O princípio da presunção da inocência é um princípio jurídico de ordem constitucional, aplicado ao direito penal, que estabelece o estado de inocência como regra em relação ao acusado da prática de infração.

forças imperialistas, em relação aos meios de comunicação, começou a delinear-se. Em 1961 surgiram contratos assinados inconstitucionalmente entre as organizações Globo e o grupo norte-americano Time-Life".

Estava montada a estrutura da máquina de imbecilização da sociedade brasileira e que se mantém até hoje. Mirian Leitão, Bonner & outros que o digam. João Calmon, deputado e integrante da CPI que investigou o caso Globo, é autor de *O livro negro da invasão branca.*

Lavagem cerebral *plim plim,* você vê por aqui. Quem de nós não se apanhou entoando o jingle da Globo : "lá vou eu, hoje a festa é na avenida", enquanto pela nossa mente passa a imagem da globeleza nua vestida somente com a pintura?

A História é nossa grande mestra. Povo que não tem História não tem presente e muito menos pode aspirar ao futuro. Nosso objetivo é um país autônomo, desenvolvido e independente.

Leonel Brizola

Convém recordar que antes da Abolição, quando o escravo reclamava dos castigos e punições, este tinha o dinheiro até de reclamar em juízo. Muitas vezes era castigado o dobro justamente por ter feito queixa do senhor. Houve casos em que jornais louvaram a punição. O que a Rede Globo faz hoje em dia, com sua parcialidade? Segue perseguindo o PT.

Os tentáculos da dominação são muito longos e poderosos. Brian Latell liderou o Departamento da CIA para América Latina entre 1990-1994. Segundo ele, as atividades de inteligência dos EUA investem US$ 40 bilhões/ano nesse serviço de espionagem. Latell é autor do livro *Cuba sem Fidel: o regime cubano e seu próximo líder.*

Trata-se de obra extremamente tendenciosa por tentar satanizar

Fidel Castro e o irmão Raul. Chega a lembrar do "trabalho" realizado por Mirian Leitão na Globo, no qual a jornalista fala meias verdades e mentiras sobre a economia em tentativa sempre bem sucedida e explícita de manipular a opinião pública.

Apresentadores de notícias da Globo constantemente falam em "bandidos roubaram, bandidos mataram", quando na verdade não há maiores bandidos no Brasil do que a própria Globo, envolvida em todos os tipos de corrupção, desde offshores, sonegação fiscal, Fifa, etc.

PESADO ÔNUS DOS

DITADORES

O fascista fala o tempo todo em corrupção. Fez isso na Itália em 1922, na Alemanha em 1933 e no Brasil em 1964. Ele acusa, insulta, agride como se fosse puro e honesto. Mas o fascista é apenas um criminoso, um sociopata que persegue carreira política. No poder, não hesita em torturar, estuprar, roubar sua carteira, sua liberdade e seus direitos. Mais que corrupção, o fascista pratica a maldade.

Norberto Bobbio (1909-2004). Filósofo, cientista político e jurista italiano.

As mortes de Castelo Branco, Costa e Silva, Juscelino, Lacerda, Tancredo, Jango, Ulysses Guimarães, Eduardo Campos, Teori Zavatski, foram no mínimo polêmicas. Geisel confessava que era "um infeliz". Garrastazu Médici confessou a Roberto Marinho que se arrependimento matasse...

Hitler se matou; Franco morreu na cama acometido de diversos males; Mussolini foi executado; ao sofrer um derrame, Salazar ficou preocupado se o Estado o haveria de amparar (tinha poupança preparada para a eventualidade). Triste fim para homens tão poderosos.

Longe de ser autoritário, o dinâmico Juscelino já intuía, meses antes do "acidente" na Via Dutra, que estava para ser assassinado. Dona Sara, a viúva, ao receber o corpo para o enterro, disse que "foi morte premeditada". Testemunhas contam que havia uma bala na cabeça do motorista do ex-presidente.

"Sabe, meu filho, não quero que me aconteça o que aconteceu com Lacerda, Jango e Juscelino", disse Tancredo pouco antes de entrar para a sala de cirurgia, onde morreu. O relato foi feito a Ronaldo Costa Couto[68]. Um dos filhos conta que o pai "permaneceu sozinho vinte minutos com aquela gente desconhecida, sonolento e indefeso".

Que sorte para os ditadores que os homens não pensem.

Adolf Hitler

Tancredo era um homem muito bem informado. Sabia que Lacerda morreu após prosaica operação de apendicite. No caso de Jango, houve uma inexplicável troca de remédios. E o então presidente eleito era mal visto pela Ditadura. Figueiredo chegou até dizer sobre ele: Tancredo "Never". Aquele era um momento difícil de transição. Quem está no poder, tenta se segurar nele.

Chocante a história final de Figueiredo. O outrora poderoso chefe do SNI, capaz de saber milimetricamente sobre a vida de todo mundo, foi o responsável por municiar Geisel com informações sobre quem deveria ser assassinado; era sempre por trás dos óculos escuros, uma espécie de máscara para acobertar crimes.

Sem poder montar mais os cavalos, a princípio o ex-presidente recolheu-se ao Sítio do Dragão, em Nogueira-RJ. Depois se mudou para o apartamento no Rio. Teve edema pulmonar, isquemia e aneurisma cerebral. "Suas córneas ressecaram e ele perdeu 70% da visão,

[68] *Tancredo Vivo – caos e acaso.*

ficando quase cego", diz Lucas Figueiredo[69].

"Por causa da hérnia de disco, pouco saía da cama", informa ainda o autor de *Ministério do Silêncio*. O ex-ditador apelou até mesmo para um médium, que fez uma cirurgia sem anestesia, de nada adiantando. "Submeteu-se a sessões de hemodiálise peridural. Nos últimos anos de vida, tinha um cateter preso ao ventre, usava fraldas e passava o dia diante da televisão. Morreu na véspera do Natal de 1999 aos 81 anos de idade". Aqui se faz aqui se paga.

---

[69] *Ministério do Silêncio.*

ENFIM OS DE BAIXO NO

PLANALTO

Nem eu durante a vida inteira recebi tantas visitas.

Jornalista José Simão, a respeito das mais de 500 visitas recebidas por Lula em 10 meses de prisão.

Meu pai internado na UTI para morrer em 2016 me obrigou a viajar a Tocantins quando tive oportunidade de ver a magnífica obra da ponte Imperatriz[70] sobre o Rio Tocantins. Eu havia cruzado o mesmo rio nos anos 90 por balsa. A ponte foi construída durante o governo Lula.

Meu pai havia sido prefeito de Axixá de Tocantins[71]. Como relatei antes, eu havia visitado a pequena cidade localizada no Bico do Papagaio em 1996, na primeira campanha em que o então candidato João Dola foi candidato e perdeu.

Ao voltar em 2016 a Axixá me surpreendi com o crescimento da cidade. Antes, em 1996, era uma cidadezinha acanhada; mas em 2016,

[70] Ponte Estaiada sobre o Rio Tocantins, com 1.020 m de extensão, com 16,00m de largura, totalizando 16.320 m2 de tabuleiro, composta por duas pistas. A obra foi executada sob lâmina d'água de 13,25 m, incluindo pavimentação em CBUQ, iluminação viária, sinalização horizontal, vertical e marítima, para travessia sobre o Rio Tocantins.

[71] Axixá do Tocantins é um município brasileiro do estado do Tocantins. Localiza-se a uma latitude 05°36›59» sul e a uma longitude 47°47›10» oeste, estando a uma altitude de 210 metros. Sua população estimada em 2009 era de 10 203 habitantes. É o menor município do Tocantins, com uma área de apenas 104,89 km².

muito mais desenvolvida.

Foi em viagem à região do Bico do Papagaio, Tocantins, que o então candidato Lula visitou quebradeiras de coco, último nível da escala social, essas senhoras extremamente pobres e com as quais conversou de igual para igual.

Uma dessas senhoras (Cícera) veio à Vigília Lula Livre em Curitiba para agradecer ao presidente petista pela atenção. Com um megafone em punho apontado para o cárcere do preso político, Cícera disse: "Obrigada, companheiro. Graças a você eu pude me escolarizar e ser alfabetizada depois de adulta". Ela chegou a ser vereadora.

Um arrogante como Fernando Collor jamais teria dado vez aos excluídos como Cícera e as quebradeiras de coco; um intelectual como FHC nunca; e o capitão maluco, agora ilegítimo no Palácio do Planalto, disse que "quem gosta de pobre é o PT".

Viver sem ler é perigoso, te obriga a crer no que te dizem.

Mafalda

Nascido em Garanhuns-PE, Luiz Inácio Lula da Silva se tornou retirante nordestino em busca de vida melhor em São Paulo. Passou fome, humilhação e aos poucos foi aprendendo a lidar com a dura competição de um país socialmente atrasado; tornou-se operário, sindicalista e foi preso pela Ditadura. As greves do ABC, liderada por Lula, ajudaram a derrubar o regime militar. Já na época se dizia que o líder metalúrgico era dono de um apartamento, que nunca foi dele. Contra Juscelino também haviam inventado semelhante história nos anos 50.

Candidato a presidente da República, enfrentou a deslealdade e o jogo sujo da Globo e de Collor de Melo (PRN) na campanha de 1989. Sem falar do episódio do sequestro de Abílio Diniz, em que tentaram colocar a culpa no PT. Lula amargaria ainda duas derrotas para Fernando Henrique Cardoso.

Eleito, tratou de colocar em prática o que havia prometido em campanha, entre elas as políticas públicas de promoção da igualdade racial. O artigo quinto da Constituição de 1988 diz que "o Estado tem a obrigação de promover a igualdade". Somente em 2003 principiou um período de avanços nos indicadores socioeconômicos da população negra no Brasil, os quais atestam impacto positivo das políticas universais implementadas pelos governos Lula/Dilma servindo inclusive de referência para adoção de políticas públicas similares desenvolvidas em outros países, conforme observa Elizangela de Almeida Silva, mestra em Educação e Políticas Públicas pelo Programa de Pós-Graduação em Educação da Universidade Federal do Amazonas - UFAM.

Era preciso superar o racismo e o mito da democracia racial (Gilberto Freyre) até então vigente na ideologia brasileira. A propósito, eu estava presente a uma palestra quando, de repente, ouvi o palestrante sair-se com essa pérola: "Não existe racismo no Brasil. Essa polêmica sobre problemas raciais é bem recente".

Perseguido pela Ditadura, o sociólogo Florestan Fernandes tratou de descontruir o mito do Brasil sem racismo criado por Gilberto Freyre. "A situação do negro é o resultado da herança da escravidão", dizia Fernandes na década de 60. Pagou caro por isso.

A lei 10.639/2003 foi sancionada pelo presidente Lula, incluindo no currículo oficial o estudo da história geral da África e da história da população negra no Brasil no ensino fundamental e médio, públicos e privados. Tais conteúdos eram até então silenciados.

Eles tinham decidido me matar antes do nascer do sol.

Hugo Chavez

No ensino superior destaca-se a Lei das Cotas , que dispõe sobre a reserva de vagas com critérios para estudantes da escola pública, negros e indígenas definindo em no mínimo 50% o acesso destes às universidades federais e às instituições federais de ensino técnico de nível médio.

O decreto presidencial 4887/2003 estabeleceu procedimentos para regularização das comunidades quilombolas. Estudos mostram que há mais de 3 mil quilombos no Brasil. A Lei 12.990/2014 estabelece cotas raciais no serviço público, reservando 20% das vagas oferecidas dos concursos públicos a candidatos pretos e pardos.

Laurentino Gomes questiona programas sociais como o sistema de cotas preferenciais em escolas e postos da administração pública. A iniciativa dos governos petistas foi já adotada aqui tardiamente, uma vez que programas semelhantes haviam sido adotados nos anos 60 nos Estados Unidos. O escritor acredita que essas afirmativas são parcialmente verdadeiras, mas seus desdobramentos podem ser perigosos.

Quilombo[72] é aportuguesamento do banco quimbundo, *kilombu*, significando acampamento ou barraca, originou-se do século XVII na África Ocidental, região de Angola. Daí a palavra designar as comunidades de escravos fugidos presentes também em outros lugares do continente.

Rui Barbosa, escreve Malighetti, então ministro da Fazenda, após a Lei da Abolição em 13 de maio de 1888, ordenou a destruição de todos os documentos relativos à escravidão. A alegação era de que era preciso "destruir estes vestígios por honra da pátria em homenagem aos nossos deveres de fraternidade". Página 99.

Em seus despachos, o então juiz federal Flávio Dino, hoje governador do Maranhão, contribuiu para o reconhecimento do quilombo em litígio na época contra o latifúndio, lembra Malighetti.

O decreto de Rui Barbosa foi interpretado com tentativa de evitar contragolpes dos antigos senhores de escravos, que poderiam conse-

[72] *O Quilombo de Frechal* – Roberto Malighetti

guir uma indenização por terem ficado sem a mão de obra escrava.

Os negros foram seduzidos pela ideia de pertencer ao sistema de modelo dos brancos, ou seja, optando pela possibilidade de branqueamento. Recentemente, um pouco dessa barreira caiu graças a uma iniciativa do governo Dilma, que obrigou os comerciais de televisão a utilizarem negros em suas peças publicitárias.

Fazer parte de um quilombo como morador é atualmente um orgulho, como conta Jovina, em Frechal, no Maranhão: "Sou orgulhosa de ser negra". Os escravizados contribuíram para a construção do Brasil. A Constituição de 1988 deu a eles outra conotação: não são mais remanescentes de escravos, são remanescentes de quilombos.

Trata-se de um reconhecimento jurídico. É uma história que vem fortalecer os afrodescendentes porque são as raízes para fortalecer o teto. Não é algo mais para se envergonhar ou esconder, agora representa sinal de identidade e de cultura.

Se você não tomar cuidado vai assumir o discurso do opressor e ficar contra o oprimido.

Malcolm X

A origem da expressão *black power* surgiu nos Estados Unidos durante os anos 60 quando Malcom X atuava na pregação em prol da defesa dos negros. Foi assassinado em 1965. Durante um programa de televisão alguns anos antes, o líder negro participava de um debate ao vivo quando foi inquirido da seguinte maneira.

- Malcom, por que você faz a pregação de ódio contra os brancos?

Malcom sorriu e deu a seguinte explicação para o que seu interlocutor chamou de pregação de ódio: *"Você conhece a expressão negros da casa?*". Diante da ignorância de quem o entrevistava, o líder negro prosseguiu:

Durante o período da Escravidão, os brancos primeiramente destruíram a cultura afro, tornando nossa raça assim submissa e sem autoestima. O negro assim escravizado se dividia entre os negros da casa e os negros do campo (lavoura). Quem vivia dentro da Casa Grande usufruía de algumas regalias, inclusive comer o que seu senhor comia. Já os negros do campo trabalhavam demais e se alimentavam de menos - explicou.

Daí os negros da casa defenderem o seu dono, isto é, mesmo quando o chefe, proprietário da Casa Grande adoecia, os negros da casa diziam "nós estamos resfriados". No Brasil dá-se o mesmo, pois negros acabaram votando no 17 nas eleições de 2018.

Crenças geram comportamentos. A palavra "matrix" vem de matriz, o que significa origem. A causa do comportamento doentio de milhões de brasileiros que votam ou homenageiam seus próprios carrascos provém das crenças (matriz e origem) introjetadas em corações e mentes de um povo escravizado.

O escritor baiano e ex-deputado Jorge Amado, conta em seus livros a desventura de ser pobre e preto no Brasil nas primeiras décadas da República, onde fazer parte dos terreiros de Umbanda e Candomblé era motivo de perseguição policial. Destruía-se assim a cultura afro.

Num país onde a Casa Grande mantém a Senzala, mais uma vez os aparelhos de dominação citados por Gramsci (mídia, por exemplo) foram colocados em prática para vender o patrimônio público, amealhado com muita luta. Boris Casoy, âncora de TV, dizia na época: "A Vale precisa ser vendida", entre outros veículos de comunicação a serviço do capital.

Nesse particular, poucos homens públicos prejudicaram tanto o Brasil quanto FHC, cuja imagem é vendida como professor, intelectual, homem público preparado, príncipe da Sociologia, grande benemérito do país graças ao Plano Real, entre outras bobagens que se escreveu sobre o grande hipócrita da nação. "Quem paga a banda escolhe as músicas", conforme diz o refrão popular. Assim procedeu Fernando Cardoso enquanto permaneceu no poder e mesmo agora enquanto está longe do Palácio do Planalto, mas ditando de certa maneira as regras ainda hoje. Como veremos a seguir.

PRÍNCIPE DAS

PRIVATIZAÇÕES

Vim de branco para ser mais claro

Odorico Paraguaçu, prefeito
de Sucupira, Personagem
demagogo criado pelo dramaturgo
Dias Gomes, numa tentativa de
demonstrar transparência

"Sinto que meu verdadeiro lugar na história só será conhecido daqui a 50 anos. Quando chegar esse momento, se as pessoas puderem lembrar-se de Fernando Henrique Cardoso como o primeiro de uma moderna era de presidentes...será o legado mais positivo que posso imaginar", escreveu o ex-presidente. Confessou ter "um grande amor pelo Brasil".

Embora como ministro da Fazenda, FHC tenha de fato contribuído para a Economia do país com o Plano Real, a declaração do parágrafo anterior é bem pretensiosa. Pode-se afirmar que o livro escrito por Brian Winter é realmente saboroso, bem escrito, mostra toda a diversidade da história do biografado, que passou dificuldades, exílio, medo, fracassos, conviveu com os mais diversos personagens como Bush, Clinton, Castro, Sartre, Ulysses, Brizola, Darcy Ribeiro, futuros ministros, entre outros.

O depoimento está em *O Improvável presidente do Brasil: recordações*, de autoria de Brian Winter, no qual FHC destila a pretensão de ser lembrado pelo Plano Real. Ele próprio cita o *New York Times*, que o considerou "grande estabilizador do Brasil". Intelectual brilhante, estadista elitista.

Antes de ser empossado em 1995 e ter exercido a função até 2002 no Palácio do Planalto, a história de FHC e família vem de longa data. O pai militar foi defender Getúlio contra o ataque dos integralistas, mas antes, bem antes, a família estava metida na política.

Ao contrário de Lula, que nasceu e viveu na pobreza por longo tempo, a criança e o adolescente FHC, filho de general, só veio a conhecer a miséria teoricamente através dos livros. Leu *As Vinhas da Ira*[73] de John Steinbeck, que lhe causou forte impacto. Jorge Amado, Graciliano Ramos e José Lins do Rego lhe traziam a mensagem do Brasil rural: "promoveram certa consciência social, ainda que genérica e incipiente, em toda uma geração de jovens como eu", explica.

Esta obra recebeu o National Book Award e o Pulitzer de ficção, e foi citado com destaque quando Steinbeck recebeu o Prêmio Nobel de Literatura no ano de 1962.

Passado durante a grande depressão, o romance centra-se nos Joads, uma família pobre de rendeiros expulsos da sua quinta no Oklahoma pela seca, por dificuldades econômicas, por mudanças na atividade agrícola e pela execução de dívidas pelos bancos forçando o abandono pelos rendeiros do seu modo de vida. Devido à sua situação desesperada e em parte porque estavam no meio do Dust Bowl, os Joads foram embora para a Califórnia. Junto com milhares de outros "Okies", procuraram emprego, terra, dignidade e um futuro.

A relação senhor/servo no lar dos Cardoso, herança escravocrata, estava presente no tratamento que a criança FHC teve com sua

[73] *The Grapes of Wrath (As Vinhas da Ira)* é um livro do escritor norte-americano John Steinbeck, publicado em 1939.

babá Alzira. "Bastava dizer quero água" e Alzira atendia – lembra-se o ex-presidente. A babá estava autorizada a sentar-se à mesa onde era considerada "uma igual". Um triste consolo para empregadas domésticas. Página 36.

Ele soa como nós.

David Duke, historiador americano e membro da Ku Klux Klan, ao falar sobre Bolsonaro.

Filho do general Leônidas Cardoso, o jovem carioca pequeno burguês FHC acompanha o pai na mudança para São Paulo e surpreende-se com as ruas do bairro Perdizes sem pavimentação. Precisou enlamear os sapatos preto e branco nas vias públicas da capital paulista até se acostumar à nova vida.

O destino do jovem professor, graduado em 1952 nessa profissão, se tornaria emaranhado com Jânio Quadros, que FHC chegou a conhecer pessoalmente bem antes da fama e com quem privou em várias ocasiões. O pai Leônidas era amigo do "homem da vassoura".

Na biografia de Benjamin Moser sobre a escritora Clarice Lispector[74], consta que ela foi assediada pelo presidente Jânio Quadros, conhecido por tentar moralizar o comprimento do biquíni das candidatas a miss. FHC confirma a afoiteza sexual do então presidente da República: "Atirava-se sobre as mulheres com ardor indecente e mesmo violento".

Morto Jânio em 1992, FHC chegou a dizer sobre o finado: "esperar que o Brasil nunca mais aceite uma figura pública como ele". Falta espelho para o príncipe da Sociologia brasileira?

Meu pai votou em Jânio em 1960, quando eu então tinha sete anos. Me lembro da vassourinha pregada no peito. Ao renunciar

[74] Clarice, uma Biografia.

("fi-lo porque qui-lo"[75]) em 1961, o ex-presidente provocou tão grande decepção em meu pai, que ele, em acesso de raiva, quebrou o rádio onde ouvia as notícias.

Uma amiga jornalista, ex-repórter da Rede Globo, teve também a experiência de ter sido importunada sexualmente mais de uma vez por Fernando Henrique Cardoso, quando este ainda era senador.

FCH não tem boa opinião sobre Jango, período ao qual chamou de caótico. Fazia também a crítica aos guerrilheiros que participavam da Resistência Democrática na década de 60 e 70.

Se há um idiota no poder, é porque os que o elegeram estão bem representados.
Barão de Itararé

Sua biografia mostra a opinião negativa sobre a Ditadura: "Aqueles que haviam apoiado o golpe – principalmente a classe média – deram-se conta de que estavam afundando num longo pesadelo nacional", diz o ex-presidente ao se referir à Ditadura. "Era tarde demais para voltar atrás", completa.

"Só a democracia poderia salvar o Brasil" (página 160), foi o que disse FHC sobre sua campanha rumo ao Senado no Brasil em vias de redemocratizar. Tal lição o ex-presidente esqueceu em 2016 quando apoiou o golpe que derrubaria Dilma Rousseff, lançando através do parceiro Aécio o Brasil rumo ao precipício.

Além de ter sido uma das lideranças civis do Golpe de 64, o ex-governador de Minas, Magalhães Pinto, era dono do Banco Nacional. O filho de FHC, Paulo Henrique, se casou com uma das filhas de Magalhães.

Promulgada e sancionada, a Constituição Cidadã propunha avanços sociais através do estado de bem-estar social. FHC foi contra, pois

[75] Frase de Jânio Quadros, ao responder a pergunta por que motivo havia renunciado. O mesmo Jânio caricato que havia assinado decretos proibindo brigas de galo e regulando o comprimento dos biquínis.

achava que tal modelo entrava naquele momento em colapso na Europa.

Ao valer-se da estratégia de que a melhor defesa é o ataque, FHC acusa os governos petistas, sobretudo de Lula, de corruptos. O que o tucano não explica é, por exemplo, o escândalo da privataria tucana envolvendo lavagem de dinheiro de seus amigos José Serra, o marido de Verônica Serra, Alexandre Burgeois, Tasso Jereissati e Ricardo Sérgio.

A própria privatização da Vale, muito polêmica pelos valores e pelo que o Brasil deixa de ganhar sem ela, teria tido episódios de corrupção. Foram 12 anos de investigações de irregularidades ocorridas no governo FHC. (Fonte Wikipedia)

A Privataria Tucana é um livro de autoria do jornalista brasileiro Amaury Ribeiro Júnior, ex-repórter especial da revista Isto É e do cotidiano O Globo e ganhador de diversos prêmios Esso de jornalismo. O título do livro ("privataria") é um neologismo que combina privatização à pirataria, criado pelo jornalista Elio Gaspari, e "Tucano" é um apelido comum dado a membros do PSDB, a partir de um dos símbolos do partido, o pássaro tucano.

Fernando Henrique Cardoso revelou-se privatista e poderia ser acusado de lesa-pátria ao ter entregue tão grande parte do patrimônio nacional às empresas estrangeiras. O ex-deputado Leo de Almeida Neves (PTB) cita em *Privatizações de FHC – A era Vargas Continua,* todos os maus negócios realizados de 1995 a 2001 quando FHC esteve no governo.

Exemplo: quando Sérgio Moro foi indicado a super ministro, a Rede Globo correu para entrevistar FHC sobre a novidade. "Acho que é uma grande iniciativa do novo governo" – reagiu o Príncipe da Sociologia brasileira. Dito e feito, assim que estourou o escândalo do *Intercept*, um diálogo entre Deltan Dallagnol e Sérgio Moro revelou que "não era possível melindrar um aliado" (Fernando Henrique Cardoso). FHC foi na sequência poupado pela Operação Lava Jato.

Quando estourou o escândalo da gravidez da repórter da Globo, Mirian Dutra, FHC concedeu um empréstimo do BNDES à empresa dos Marinho em troca do envio da sua amante para ser correspondente da emissora na Espanha. E é claro, a Globo jamais pagou o empréstimo. A emissora também figura entre os principais inadimplentes da Receita Federal junto ao INSS.

Numa nação como a nossa, em que o povo ainda não conquistou a cidadania, a luta continuará sempre.

Maria da Conceição Tavares

A ignorância, o preconceito e a omissão fazem o analfabeto político. Este desconhece que o preço do arroz/feijão, do gás, da gasolina, a tarifa de energia elétrica, enfim todos os gastos do cidadão comum, provêm da política. "Eu detesto política", diz o pobre ignorante que muitas vezes é também favorável ao fim das estatais. "Pessoas preconcebidamente antipoder público vão ser sistematicamente a favor de qualquer privatização", diz Leo de Almeida Neves em *Privatizações de FHC – a era Vargas continua.*

Almeida Neves foi cassado pela Ditadura depois de longa militância no PTB de Getúlio Vargas. Ele é também economista e passou por vários cargos públicos. Portanto tem conhecimento de causa. Não fala com base no senso comum como o analfabeto politico "informado pela Rede Globo",

Os críticos dos governos petistas atribuem ao Petrolão o grande motivo para o Golpe de 2016 e a prisão de Lula, desconhecendo que a Petrobras já não era mais uma empresa 100% nacional. FHC havia vendido 31,72% das ações da estatal de petróleo, tornando-a empresa mista. Além disso, o controle da empresa também era difícil dado o loteamento de cargos dentro da própria estatal graças à coligação política que conseguiu alçar o PT ao Executivo.

"Setores essenciais da economia justificam a presença do Estado" – diz Almeida Neves – "como energia nuclear, indústria espacial, energia elétrica, petróleo são setores em que a presença estatal é indispensável". Página 22.

Por ter denunciado a corrupção na Petrobras durante o governo FHC, o jornalista Paulo Francis sofreu pesado processo que lhe causou violento stress quando morava nos Estados Unidos. Francis morreria logo a seguir, precocemente, em parte por causa do processo.

As privatizações de FHC teriam sido o motivo da impopularidade dos tucanos, uma vez que nem José Serra ou Alckmin ou Aécio conseguiram emplacar a presidência da República, sendo todos derrotados por Lula e Dilma. Privatizadas, a Vale do Rio Doce, a Telebras e várias subsidiárias de energia elétrica eram todas lucrativas.

O Consenso de Washington[76], uma visão neoliberal dos problemas latino-americanos, visa a redução do Estado e a corrosão do conceito de nação; o máximo de abertura à importação de bens e serviços e à entrada de capitais de risco.

De acordo com o próprio Banco Mundial, em um texto de 2005, "o Consenso de Washington não era o único ponto de vista dos economistas, mas era o dominante, tornando difícil que outros fossem ouvidos".

O Consenso de Washington foi adotado à risca por Collor de Melo, amenizado por Itamar Franco e retomado por FHC a partir

[76] O Consenso de Washington é uma conjugação de grandes medidas - que se compõe de dez regras básicas - formulada em novembro de 1989 por economistas de instituições financeiras situadas em Washington D.C., como o FMI, o Banco Mundial e o Departamento do Tesouro dos Estados Unidos, fundamentadas num texto do economista John Williamson, do *International Institute for Economy*, e que se tornou a política oficial do Fundo Monetário Internacional em 1990, quando passou a ser «receitado» para promover o «ajustamento macroeconômico» dos países em desenvolvimento que passavam por dificuldades.

de 1995. É a subserviência aos Estados Unidos. Almeida Neves diz que FHC não escapará ao julgamento do tribunal da história pela sua responsabilidade na entrega de fabuloso patrimônio público, formado à mercê do trabalho e da atuação de inúmeros governos ao longo de 55 anos, desde o ato de criação da empresa praticada pelo estadista Getúlio Vargas em 1942, após nacionalizar a multinacional estrangeira Itabira Iron, que estava sentada em cima de reservas de minério de ferro em Minas Gerais sem nada produzir". Página 222. Ele se refere à Vale do Rio Doce.

Fiel a suas origens nada populares, elitista mesmo, e alinhado ao capitalismo internacional, FHC justifica a sua teoria da dependência: "Éramos nós os responsáveis pelo nosso atraso, e ninguém mais. Essa provocadora responsabilização é que tornou o livro[77] tão polêmico".

Como estratégia neoliberal, Fernando Henrique já dizia em seu governo: a Previdência levará o país à bancarrota; as estatais são ineficientes; o MST ameaça a paz social. Naquele momento, nem tudo o que FHC quis fazer, fez. Agora temos o pesadelo Bolsonaro.

As tentativas de tornar o Brasil um país soberano têm raízes profundas e passam necessariamente pelo processo de criação da Petrobras. O regime constitucional brasileiro que vigorava até 1934 era de que as riquezas do subsolo pertenciam ao proprietário da terra. Os trustes tentavam fazer crer através de campanhas publicitárias de que aqui não havia petróleo.

A Constituição de 1934 garantiu a defesa dos nossos interesses: os recursos do subsolo já não pertenciam ao proprietário, mas depen-

[77] Teoria da dependência - Apresenta uma dimensão esclarecedora para o estudo do desenvolvimento econômico da América Latina, colocando-se em função de coordenadas decisivas que levam à caracterização de sua tipicidade para os diferentes núcleos nacionais latino-americanos. Google Books.
Data da primeira publicação: 1969.
Autor: Fernando Henrique Cardoso.

deria de concessão do governo federal. Lobato, na Bahia, foi onde surgiu o pioneirismo na pesquisa de petróleo.

Se não há justiça para o povo que não haja paz para o governo.

Pancho Villa

Visando a preservação dos interesses nacionais, vendo o perigo que advinha dos trustes, principalmente da Standard Oil Company[78], o recém-criado Conselho Nacional do Petróleo concluiu pela necessidade do estabelecimento do monopólio estatal para todas as fases da indústria do petróleo. Página 36. *O Petróleo é Nosso, a luta contra o entreguismo pelo monopólio estatal*, de Maria Augusta Tibiriçá Miranda.

A Standard Oil se beneficiou de economias de escala e se transformou na maior empresa de petróleo do mundo. No Brasil, era conhecida pelo nome Esso Brasileira de Petróleo. Essa denominação nacionalmente se difundiu bastante pelo fato da companhia ter sido a patrocinadora do mais importante radiojornal e telejornal do país nas décadas de 1940, 1950 e 1960: o Repórter Esso. (Fonte Wikipedia)

O jornalista Edmar Morel[79] testemunhou pessoalmente a miséria que ele mesmo constatou na Turquia, "país que petróleo se deixa cair nas mãos dos imperialistas". Conforme conta viu "os campos turcos cheios de torres e o povo morrendo de fome".

Com a criação da Petrobras em 1953, as companhias petrolíferas internacionais iniciaram campanha contra Vargas. As garras da

[78] Standard Oil Company (1870–1911) foi a maior companhia de seu tempo, produzindo, transportando e refinando petróleo. A Standard Oil começou em Ohio, em uma sociedade formada por John Davison Rockefeller, seu irmão, William Rockefeller, Henry Flagler, o químico Samuel Andrews e o sócio passivo Stephen V. Harkness.

[79] *Histórias de um Repórter*.

águia americana, a exemplo da águia romana, esteve sempre atenta à iniciativa das suas colônias. Sabotadores como Victor Oppenheim nos anos 30 e Walter Link nos anos 50 estiveram no Brasil para agir.

"Outra luta da Petrobras foi conseguir instalar postos de gasolina, todos sob controle de empresas norte-americanas", diz Edmar Morel. Página 185. Os sabotadores dos Estados Unidos haviam conseguido retardar a exploração de petróleo no Brasil.

O movimento tenentista[80] nas décadas de 20 e 30 defendia educação pública, reforma agrária, voto secreto (e o fim das fraudes eleitorais), jornada de oito horas de trabalho, salário mínimo, férias, exploração estatal do petróleo, tudo isso que vem sendo desconstruído agora por Bolsonaro e sua trupe de generais não mais nacionalistas.

Além de Geisel e Brizola nacionalistas, a defesa do petróleo sempre teve apoio do Clube Militar, agora totalmente silencioso sobre o assalto que o Brasil vem sofrendo desde FHC. Com Temer e Bolsonaro muito pior.

General proscrito pela Ditadura, o historiador Nelson Werneck Sodré diz: "Com o caso do petróleo e a amplitude nacional da campanha em defesa dos interesses brasileiros nesse caso, a questão do Clube Militar ganhou o primeiro plano".

As repúblicas da América do Sul são imundas.

Presidente Taft, dos EUA.

Sucessão dentro do mesmo clube em 1950. De um lado Cordeiro de Farias, ex-integrante da Coluna Prestes, agora convertido em reacionário e conservador, de um lado; do outro lado o General Estillac Leal, nacionalista e não entreguista. Página 373.

---

80 *O Brasil republicano – o tempo do nacional-estatismo, do início da década de 1930 ao apogeu do Estado Novo.*

"A elite nacional é sócia minoritária no processo de espoliação nacional", diz o sociólogo Jessé Souza[81]. O que significa que nossa soberania está sempre em último lugar. Tudo está sendo entregue aos estrangeiros.

[81] *A Elite do Atraso – da Escravidão a Bolsonaro*

PEÕES NA LUTA PELO

OURO NEGRO

Quem entrega seu petróleo aliena a própria independência.

Getúlio Vargas

Num dia qualquer de abril de 2016, eu conversava com alguém sobre os rumos da política e da economia do Brasil, quando meu interlocutor disse que "a prosperidade de um país costuma acontecer espontaneamente". Mal sabia meu interlocutor que naquele momento uma conspiração bem urdida estava sendo executada e que o destino de todos nós estava seriamente comprometido. Em 17 de abril[82], Dilma caía.

Pesquisando agora sobre a situação da política de petróleo mundial, compreendo que o poder de fogo do cartel do petróleo é muito maior do que se imagina. Antes se chamavam as "Sete Irmãs", depois houve uma fusão de empresas petrolíferas: são apenas quatro. Ao contrário do que o meu então interlocutor dizia, a prosperidade não é algo que dependa somente do esforço individual; há uma conspiração global com a finalidade de escravizar até um país (e o mundo).

O palco estava armado a partir de 2016, com a atenção da opinião pública voltada para "a corrupção petista na Petrobras". Era uma cortina de fumaça perfeita dentro da estratégia de "dividi-los para governá-los" bem aos moldes utilizados pela CIA nos países em

[82] 17 de abril foi também o dia em que Lincoln e Luther King foram assassinados. Em 7 de abril, Lula foi preso.

que atua. O truste do petróleo agia sorrateiramente. Senão vejamos o que diz o autor a seguir.

"Está em curso gigantesca parte de reveses, de fracassos, em escala planetária. Homens, raças, nações, sentimentos, ideais, não passam de peões[83] acicatados por adversários que pensam em termos de poderio, não de filantropia", diz Jacques Bergier em *A Guerra Secreta do Petróleo.*

"São peões inconscientes, na maioria dos casos. Lança-se mão de rivalidades, dos ódios locais, instila-se-lhes o veneno, e os peões se matam", diz o autor de *A Guerra Secreta do Petróleo*, obra escrita em 1967. A presença dos judeus na Palestina "se traduz numa só palavra: a energia", ajunta. "Ora esta energia, mais do que o carvão ou o átomo, é o petróleo", completa o autor.

Como é que é? ..." peões inconscientes", "rivalidades" e "ódios locais". Tá certo, acabamos de ver esse filme a partir de 2013 com as manifestações do MBL, Aécio Neves, Eduardo Cunha...e o Golpe de 2016. Atores principais do filme: Sérgio Moro, Temer, Mirian Leitão...

Bergier diz que na guerra por petróleo utiliza-se de tudo desde as mais modernas tecnologias científicas como também até mesmo médiuns. Trata-se do *sangue* da nossa civilização: cerca de 300 mil produtos são produzidos com petróleo (dados de 1967). A catástrofe da falta do produto seria inimaginável.

A intenção das grandes empresas de petróleo do mundo é manter os preços e combater os esforços de independência de todos aqueles que não são eles próprios. Jogada: a liberdade e às vezes a sobrevivência das nações. Vítimas: os fracos. Risco: fim do mundo. Página 12.

Em 1870, John Rockfeller funda a Stantard Oil Company, iniciando importante ciclo do Capitalismo. Tinha começado ali a origem

---

[83] O Peão é uma peça menor do xadrez ocidental. No início de uma partida, cada jogador tem oito peças que são dispostas nas fileiras; 2 para as brancas e 7 para as pretas. O peão move-se verticalmente na coluna sendo incapaz de recuar.

dos trustes, com amargas lembranças para todos nós. Cite-se, por exemplo, o empresário italiano Enrico Mattei, inimigo dos trustes[84] do petróleo, que morreu em acidente polêmico em 1962.

A Standard Oil já era amaldiçoada em 1911 numa peça de Eugene O´Neil como sinônimo de conluios, manipulações e acordos secretos. *A Lua para os Bastardos,* encenada na Broadway, tinha a seguinte fala: "Abaixo os tiranos! Maldita Stardard Oil!".

O rápido esgotamento dos mananciais de petróleo dos EUA já era previsto a partir de 1911, quando a indústria automobilística ganhava fôlego. Surgia a partir dali a voracidade da Águia americana em busca de novas jazidas em qualquer parte do mundo.

Monteiro Lobato já sabia, nas primeiras décadas do século XX, que os estrangeiros têm conhecimento sobre a nossa não-cidadania. Tinha consciência da capacidade do zé ninguém de repetir as coisas como papagaios, que hoje chamamos de coxinhas. Os gringos mandaram dizer que aqui não tinha petróleo na época.

Lobato denunciava o retardo do 'nosso 13 de maio econômico' e culpava interesses ocultos e a venda de segredos do subsolo nacional a estrangeiros e também a compra de terras brasileiras por estrangeiros. A essa altura os americanos já estavam extraindo petróleo no Brasil.

"Vivemos num mundo de ilusão", dizia Monteiro Lobato. Na década de 20, a pequenina Dinamarca superava o Brasil em exportação. Contra o argumento de que ainda somos uma nação nova, o autor de *Urupês* diz que somos tão novos quantos os EUA ou Argentina, "países que se distanciam de nós em tudo".

"E como combatemos essa inferioridade? – pergunta o escritor. "Negando-a", responde. A solução, aponta Lobato, é o subsolo,

[84] To Trust significa ter confiança: as partes em questão confiam na direção que em seu lugar toma decisões importantes.

e aponta ferro e petróleo como caminho para a riqueza do Brasil. Monteiro Lobato diz que a Standard Oil já era na época um polvo de recursos ilimitados.

"É hora de agir, aplicando as lições de nosso passado aos recursos do futuro, se a nação brasileira quiser garantir o desenvolvimento econômico e a soberania nacional", diz Ilmar Penna Marinho Junior, autor de *Petróleo, Política e Poder*. "Aqueles que querem conhecer um pouco do petróleo e com a cumplicidade dos que acreditam que o petróleo é nosso enquanto a Petrobras cuidar bem dele", esclarece o autor.

Vamos para o futuro sacrificando o futuro.

Euclides da Cunha

Nada mais atual do que o texto dos parágrafos anteriores uma vez que estamos sendo submetidos ao saque predatório de nossas riquezas mineiras, notadamente o petróleo desde o Golpe de 2016. Aliás, era esse o objetivo da destituição do governo nacionalista então no Executivo. A pirataria selvagem contra a Petrobras vinha de antes, principalmente do governo FHC.

Já na década de 40, o deputado Horácio Lafer dizia que teríamos poupado 65 milhões de dólares somente em 1948 se tivéssemos navios petroleiros e refinarias. O país teria economizado 60% em divisas.

A Petrobras, criada por Getúlio em 1953, instituiu o monopólio da União referente à pesquisa, lavra, refinação e o transporte marítimo ou por meio de condutos do petróleo. Eisenhower disse que Getúlio era comunista. Até chegar aí não foi fácil. Página 270[85].

Trata-se de uma história de dura sobrevivência do mais fraco contra o mais forte, pois as chamadas "sete irmãs" sempre competi-

[85] *Petróleo, Política e Poder.*

ram entre si, mas corporativamente se uniram contra quem quisesse ser autônomo em matéria de petróleo. México, Venezuela e Argentina que o digam, isso em se falando de América Latina.

O presidente do México, Lazaro Cardenas, decretou a expropriação de patrimônio de 17 companhias de petróleo em 1938. Daí para a frente, Cardenas[86] começou a enfrentar o boicote econômico para evitar a comercialização do petróleo mexicano.

A mais antiga empresa estatal petrolífera do mundo surgiu na Argentina em 1922. Ali as pressões internacionais foram grandes; entrava governo, saía governo e assim oscilavam as propostas nacionalistas ou não.

Fala-se muito hoje em dia da crise da Venezuela, com o constante ataque dos Estados Unidos à soberania do país de Maduro. Tais relações conflituosas não são novidade, pois ocorreram conflitos que quase levaram a ferir o então vice-presidente Richard Nixon, quando em visita àquele país em 1958.

Nixon era conhecido como membro do grupo do Senador McCarthy, que promoveu a famosa caça às bruxas (comunistas) nos anos 50. Em Caracas, uma multidão enfurecida contra a política venezuelana de então, de parceria comercial com os EUA, chega a ameaçar o visitante ianque.

Como presidente da Petrobras, Geisel criou em 1971 a Petrobras Distribuidora - BR, agora parcialmente vendida por Bolsonaro, que ironicamente usa como *slogan* de governo "pátria amada Brasil". A Braspetro foi criada em 1972.

Nacionalização mexicana, idas e vindas do petróleo argentino, evolução do sistema concessionário venezuelano, tudo isso é muito

[86] O México na década de 30 acolheu Leocádia Prestes, mãe do Cavaleiro da Esperança. Na década de 60, recebeu como exilados os presos políticos trocados pelo embaixador americano sequestrado no Brasil, Charles Elbrick. Recebeu ainda Trotsky, assassinado no país.

complexo no jogo de interesses das elites de cada país, geralmente mancomunado com o capital internacional. Não foi muito diferente no caso da Líbia, onde assumiu Kadhafi em 1969. O líder líbio chegou a durar muito tempo no poder apesar do posicionamento anti-imperialista.

Um suspeito Daniel Yergin[87] diz que Kadhafi era excêntrico e volúvel, com grandes oscilações de humor, o que o torna maníaco-depressivo. Com os lucros do petróleo, o líder líbio teria sido responsável pelo pagamento de diversos grupos de terrorismo ao redor do mundo.

A Líbia era um país pobre, atormentado por secas e por gafanhotos. Suas perspectivas financeiras dificilmente poderiam ser chamadas de promissoras nos anos seguintes à Segunda Guerra Mundial. Kadhafi foi assassinado em 2011 resistindo ao Imperialismo.

A função do historiador é lembrar a sociedade daquilo que ela quer esquecer.
Peter Burke

São polêmicas as versões sobre a morte do "ditador Kadhafi", que esteve à frente da Líbia durante 40 anos. Há quem diga que ele pereceu durante tiroteio. Outros falam em linchamento. Muitos de nós tínhamos péssima imagem sobre Kadhafi ou sobre Hugo Chavez[88], sempre retratados como vilões. É claro, o intermediário entre essa crença e a realidade é a mídia controlada pelo Capital. Outro caso polêmico veiculado pelo livro de Yergin se refere ao magnata italiano Mattei, morto em circunstâncias suspeitas em 1962 em acidente aéreo.

Mattei era muito popular na Itália pobre dos anos 50: ele prometia aos italianos o próprio suprimento de petróleo, independente,

---

[87] *O petróleo – uma história de ganância, dinheiro e poder.*

[88] Chávez morreu em decorrência de um câncer na região pélvica e de uma infecção respiratória aguda.

é claro, das empresas anglo-saxônicas. Atacava sem meias palavras as Sete Irmãs. O autor chega a afirmar que o empresário italiano não tinha escrúpulos. O *acidente* ocorreu logo que o empresário havia prometido comprar petróleo barato da União Soviética.

O termo *Sete Irmãs* foi cunhado por Enrico Mattei, quando este era diretor da petrolífera italiana Agip-ENI. O italiano acusava o oligopólio formado pelas petrolíferas de criar um cartel para dominar o mercado internacional. Mattei defendia o direito dos países petrolíferos da OPEP e outros possuidores de reservas petrolíferas de receberem 75% dos lucros do petróleo. (Fonte: Wikipedia)

Antes mesmo da I Guerra Mundial, um inglês astuto chamado Churchill[89] captou uma verdade fundamental aplicável a todas as conflagrações que se seguiriam: ter o petróleo significa hegemonia. Os traidores do Brasil sabiam do fato, portanto conspiraram para entregar nossas riquezas, como vem ocorrendo desde 2016.

A criação da Petrobras em 1953 contou com forte oposição dos Estados Unidos, que enxergavam na iniciativa uma inspiração comunista porque contrariava os interesses privados americanos[90]. O ato do suicídio de Getúlio Vargas em 1954 e a Carta-Testamento do velho político neutralizou a oposição à empresa estatal brasileira. O martírio de Getúlio conseguiu apoio e simpatia popular, o que foi negado ao próprio presidente no final de seu mandato. Página 83.

"Quis criar a liberdade nacional na potencialização das nossas riquezas através da Petrobras, mal começa esta a funcionar a onda de agitação se avoluma. A Eletrobras foi obstaculizada até o desespero. Não querem que o trabalhador seja livre, não querem que o povo seja

[89] O petróleo – uma história de ganância, dinheiro e poder.
[90] Petrobras: do Monopólio aos Contratos de Risco.

independente", diz Vargas na Carta-Testamento[91].

Lula também é um exemplo a calhar do que o exemplo anterior, de autossacrifício. Poderia ter se refugiado em alguma embaixada para, de lá, dirigir a resistência ao arbítrio que se desenrola no Brasil. Preferiu se entregar e permanece preso.

O caso do petróleo é apenas uma peça. A palavra de ordem da equipe do banqueiro Paulo Guedes é desmonte do estado de bem-estar social. Um governo poderoso tornaria os pobres preguiçosos e privaria os ricos de incentivo para criar riqueza; em suma: a economia ficaria menos dinâmica. Assim se pensa.

Os Estados Unidos (ironicamente paraíso dos sem-teto) seria o exemplo citados pelos neoliberais como modelo diante da falta de dinamismo do intumescido (inchado) estado de bem-estar social dos países europeus.

O coreano Ha – Joo Chang desmistifica essa falácia: "Países como Suécia, Noruega e Finlândia conseguiram crescer mais rápido do que os Estados Unidos até mesmo durante a Renascença Americana pós-1990".

Saio da vida para entrar na história

Getúlio Vargas

[91] A Carta Testamento de Getúlio Vargas é um documento endereçado ao povo brasileiro escrito por Getúlio Vargas horas antes de seu suicídio, na data de 24 de agosto de 1954. Existe uma nota manuscrita de suicídio, diferente da "Carta Testamento", da qual se conhecem 3 cópias, que foi divulgada mais tarde. Wikipedia

HEROIS SEDUZEM INGÊNUOS

É a História que nos faz compreender o meio social de que fazemos parte. A educação comum apenas incorpora o indivíduo à tradição.

Manoel Bonfim

"O estudo comparativo das mitologias do mundo nos compele a ver a história cultural da humanidade como uma unidade" – diz Joseph Campell, autor de *As Máscaras de Deus*[92], para quem "o nascido de uma virgem e o herói ressuscitado estão presentes no mundo todo". Para o autor, não foi encontrada ainda nenhuma sociedade humana na qual tais motivos mitológicos *não tenham sido repetidos em liturgias. "Cada povo recebeu seu próprio desígnio sobrenatural, comunicado a seus heróis e provado diariamente nas vidas e* experiências de seus membros". Página 15.

"Todo símbolo é energia e informação. Todo símbolo por si mesmo produz um resultado em termos de neurotransmissores produzidos em quem usa ou quem o vê. Esse é o fundamento de toda a publicidade. O uso de arquétipos para criar neuro-associações com um determinado produto ou ideia. Todo símbolo manipula energia de um jeito ou de outro. E influencia imediatamente quem o usa ou

[92] *As Máscaras de Deus.*

quem o vê. Nesse sentido todo símbolo é mágico, porque manipula a realidade para o bem ou para o mal", diz Hélio Couto.

"O poder que existe num símbolo é imenso. A suástica foi escolhida justamente pela sua capacidade de mobilizar tremendas quantidades de energia. Até hoje ela é mostrada distorcida para que não mobilize as massas como fez na Segunda Guerra Mundial. Todo arquétipo mexe com energias primordiais e telúricas. É preciso saber muito bem o que se está fazendo com um símbolo. O resultado é inevitável", conclui Hélio Couto[93].

Max Weber diz que o líder carismático teria qualidades supernaturais, super-humanas, ou no mínimo excepcionais. Tal qualidade seria gerada em situações socialmente instáveis em momentos de destruição ou aceleradas mudanças de estrutura.

"Os mortais comuns precisavam identificar-se com criaturas reconhecidamente humanas, mas com grande capacidade e feitos, que ficavam a meio caminho entre as divindades e o resto", aponta Paul Johnson, autor de *Os Heróis*, mostrando na capa do livro representações de Winston Churchill, o Papa João Paulo II, Júlio Cesar e Alexandre, o Grande.

Não há segredo que o tempo não revele

Jean Racine

Churchill era reconhecido usuário de álcool de forma excessiva; João Paulo II protagonizou a sua política anti-Teologia da Libertação; Cesar se notabilizou pela desmedida ambição pessoal, que o levou a ser assassinado; Alexandre, durante um momento de embriaguez, matou um amigo pessoal.

Não é de se admirar que o autor, Paul Johnson, aplaudisse a tomada do poder por Pinochet no Chile, "fazendo reviver a economia e

[93] Hélio Couto – Pesquisador da área de Mecânica Quântica.

tornando-a a mais sadia da América Latina". Diz ainda que o ditador chileno apenas executou as ordens do Parlamento, quando na verdade obedecia as ordens de Nixon.

"Numa nação como a nossa, diz a economista Maria da Conceição Tavares, em que o povo não conquistou a cidadania, a luta continuará sempre". Por que ainda estamos longe da cidadania e da participação popular nos destinos do país? Porque o povo leva uma vida de gado.

Quando tocou pela primeira vez "Admirável Gado Novo", Zé Ramalho ficou surpreso com a reação da plateia, que ficou eletrificada de prazer. O país vivia então os Anos de Chumbo em pleno governo Geisel. O povo brasileiro, conduzido para o matadouro, sofria as agruras da inflação e da repressão. Vivia só de esperança.

Contemplam essa vida de uma cela
Esperando novas possibilidades
De ver esse mundo se acabar...

Trecho de "Admirável Gado Novo".

O paraibano Zé Ramalho sentiu o peso da Censura implantada pela Ditadura. Juntamente com Alceu Valença, Ramalho foi para o Rio de Janeiro, fez parceira com Bezerra da Silva e Geraldo Azevedo, passando por profissões como cuidador de idosos e até mesmo garoto de programa.

Um povo que leva uma vida de gado gosta de se apoiar em supostos heróis. Se buscarmos as origens do ministro da Justiça, Sérgio Moro, vamos encontrar em Maringá, o pai Dalton, professor de Geografia e um dos fundadores do PSDB.

Antes da Lava Jato, o filho de Dalton, o jovem juiz Sérgio Moro atuou no caso Banestado. Consta que isentou os tubarões e puniu só os peixes pequenos do escândalo, já tendo na época relações com o doleiro Youssef.

Sérgio Moro foi louvado como membro da organização secreta dos templários, seria faixa preta de karatê, seu livro de cabeceira seria *O Príncipe* de Machiavel e andaria até mesmo armado, sendo supostamente exímio atirador.

É conhecido que Sergio Moro tentou e várias vezes foi reprovado na prova da OAB, o que gerou a piada de que ele não gosta de provas (por isso dispensou provas para condenar Lula). Quando pesquisaram sobre o concurso de seu ingresso na magistratura, encontrou-se obstáculos.

Teria feito mestrado e doutorado em tempo recorde, contrariando os prazos normais. A princípio, como professor da UFPR, era admirado pelos alunos, até que esses começaram a tropeçar nos erros processuais do caso do tríplex do Guarujá, o que obrigou o professor a se demitir, dada a impopularidade crescente no meio universitário.

Convocado para prestar depoimento na Câmara Federal sobre as denúncias do *Intercept*, o então ministro Sergio Moro ficou o tempo todo na defensiva. Quando a boca se cala, o corpo fala. O herói da Globo cruzou os braços, ergueu o queixo e tornou o rosto pétreo, os olhos de criança acuada.

Já em Curitiba, por ocasião do depoimento de lula, a procuradora Isabel Cristina Groba Vieira reagiu com irritação quando o ex-presidente a tratou por "querida". Cristina fez questão de dizer que preferia ser tratada como "vossa excelência" ou "doutora". Imagina a petulância! A Senzala pretender intimidade com a Casa Grande!

Sérgio Moro não gostou de ser comparado a Savanarola, monge dominicano que havia alcançado algum poder, com direito a enviar pessoas para a fogueira, morrendo depois ele mesmo na fogueira na qual condenava os hereges. O feitiço volta contra o feiticeiro. A empolgação inicial e os holofotes passam, a mentira contada é revelada e aí está: o ex-juiz caminha para o sacrifício.

Na Roma antiga, o pretor era magistrado. Conta-se que Lucius Antonius Rufus Apius (conhecido como L.A.R. Apius) vendia sentenças a quem o pagasse. O que motivou a alguns de fazer uma ilação entre Sérgio Moro, suspeitíssimo e Larapius (gatuno), dado envolvimento do então juiz em processos polêmicos.

Quando alguém publicou na Folha de S. Paulo um artigo comparando Moro a Savanarola, o então juiz tentou censurar o autor alegando que o articulista incentivava a violência. Pasmem! Um juiz arbitrário que condena sem provas, um juiz midiático, tipo astro pop, de repente se acha prejudicado pela mídia escrita que não tem lá tanta projeção como a Globo.

Não existe imparcialidade. Todos são orientados por uma base ideológica. A questão é: sua base ideológica é inclusiva ou excludente?

Paulo Freire

O impacto do endeusamento dos salvadores da pátria (mitos), criados pela Rede Globo, persiste em dividir o Brasil. Como já foi citado anteriormente, tal polarização já ocorreu várias vezes anteriormente na história do país. Vou mencionar o caso ocorrido comigo.

Encontrei outro dia um antigo colega dos tempos da Gazeta do Povo, vou chamá-lo aqui apenas pelas iniciais (EDR). Era combativo, estudante de Direito e de Comunicação Social, veio a se filiar ao PDT, chegando até a sair como candidato a deputado.

Quando ocorreu o episódio do Riocentro em que um militar morreu e o outro saiu ferido, e o governo de então (Figueiredo) nada esclarecia sobre o atentado, EDR dizia: “Contra a Esquerda se podia tudo, agora nada esclarecem”. Pois bem, o antigo colega jornalista, agora aposentado, passou de brizolista à Extrema Direita votando no 17 em 2018. Ao ser perguntado sobre o atual governo, respondeu que pelo menos "não rouba como o PT", se esquecendo que escândalos como o do Queiroz (Flavio Bolsonaro) jamais tiveram resposta.

Alguém das minhas relações usava constantemente camiseta com a bandeira dos EUA estampada no peito. Pensei comigo: como vou dizer a esse sujeito que ele é um colonizado? Até que certo dia eu lhe disse: Fulano, o que você diria a um americano se o visse com a bandeira do Brasil estampada no peito? Ele respondeu: "Não, nos EUA os americanos são muito nacionalistas, portanto não usariam". Depois desse episódio, meu conhecido jamais apareceu com a camiseta ianque.

Um irmão meu, que por coincidência havia se casado com uma filha pensionista[94] de militares, fez uma postagem no *Facebook* defendendo a Lava Jato. Dizia ele que a suposta operação moralizadora da República movimentou R$ 8 trilhões, o que significa – disse aquele irmão – que "Lula roubou a minha prosperidade, a sua e o futuro dos seus filhos".

Incrível como Lula é poderoso! Conseguiu destruir o país! Mas como? Onde o ex-presidente petista escondeu tal fortuna? Porque a Polícia Federal vasculhou tudo, quebrando os sigilos fiscal, bancários e telefônicos de Lula, inclusive chegou a fazer buscas em sua casa e debaixo do seu próprio colchão, levando até mesmo os aparelhos eletrônicos de filhos e netos. E nada!

Temos que fazer o povo crer que a fome, a sede, a escassez e as enfermidades são culpa de nossos opositores, e fazer com que nossos simpatizantes repitam isso a todo momento.

Joseph Goebbels[95], ministro da Propaganda de Hitler.

---

[94] A União gasta 6 bilhões/ano com pensões de filhas de militares, o que significa que todos nós, contribuintes, pagamos essa conta. Em 1999, elas ganhavam 10 salários mínimos por mês. Uma relíquia colonial sobrevivendo no século XXI.

[95] Goebbels, a esposa Magda e os seus filhos do casal morreram no bunker de Hitler. O pai colocou cianureto na boca dos filhos enquanto eles dormiam.

O único argumento, aliás sem nenhuma base, é que Lula fez uma compra irregular do apartamento tríplex do Guarujá ou visitou algumas vezes o sítio de um amigo, Jacó Bitar, em Atibaia, pagando indiretamente as despesas de reforma do sítio. Então um presidente da República, que poderia ter contas na Suíça ou nos paraísos fiscais, aliás, como se constatou sobre José Serra, vai se envolver com um apartamentozinho ou um sitiozinho?

Esse irmão é a prova viva do que digo sobre os parasitas da República: a casta dos militares. Sua ex-esposa, com quem teve três filhos, é pensionista, pois seu pai era um oficial do Exército. Recebe, portanto, uma boa grana graças a essa lei de exceção, destinada aos privilegiados das Forças Armadas.

Sob a pressão da cadeia, o ex-ministro Palocci embarcou na chamada delação premiada para acusar sem provas, o ex-presidente Lula. Esse mesmo irmão, juntamente com uma irmã minha, teceram comentários sobre o caso Palocci no facebook em outubro de 2019.

Como funcionam as delações? O preso é mantido numa cela para ver a janelinha se abrir três vezes ao dia: é quando chegam as três refeições diárias. Ali permanece incomunicável. De vez em quando aparece alguém e pergunta: "você já está pronto para colaborar conosco?", o que significa assinar (ou repetir verbalmente) declarações do jeito que a Lava Jato quiser. Assim, o acusado acaba entregando a própria mãe.

Conheci pessoalmente Lulinha (Sandro) e Lurian na Vigília Lula Livre em Curitiba. Diante daquele que seria o (suposto) dono de terras no Pará, proprietário da Friboi, não pude deixar de me admirar com a capacidade de intriga. Lulinha é um rapaz simples, entroncado, simpático, mas nada tem de dono de qualquer grande propriedade, como se propala. Lurian, vítima da armação da campanha de Color em 1989, quando tinha apenas 15 anos, é uma pessoa sorridente.

Todos da família foram sucessivamente impactados com as tragédias (Marisa Letícia, Vavá e Artur), a situação de todos ali se tornou muito difícil. Tanto que foi preciso fazer uma vaquinha para ajudar até mesmo na alimentação dos integrantes da família.

A delação sem provas é o grande trunfo da Lava Jato. O recurso não é novo: já era empregado na Idade Média pela Inquisição. Foi grande o método anacrônico que se insurgiu pelo ministro Teori Zavatski, morto de maneira até agora não muito esclarecida. No lugar do falecido entrou Alexandre Morais, amigo de Temer.

Se o caso do grampo da presidenta Dilma Rousseff, com o vazamento da conversa então realizada com Lula, tivesse ocorrido nos EUA, o juiz Sérgio Moro teria ido parar na cadeira elétrica, tal é a gravidade do fato. Moro esperto, combinou tudo com a Globo e saiu-se com os louros da iniciativa.

O cidadão comum, analfabeto político, dentro do efeito manada em que a mídia manipuladora o coloca, ignora completamente que qualquer veículo de comunicação é uma empresa que vive a custa de muito dinheiro para se manter. Trabalhei durante 40 anos em jornais e sei como funciona. Ali quem paga é quem dita o que deve ser publicado ou não.

Como a Justiça é parcial e seletiva, até hoje se pergunta o porquê da impunidade de Aécio Neves, tido como autor de vários crimes, inclusive o do possível assassinato do policial aposentado Lucas Arcanjo, que se cansou de denunciar Neves como traficante. Arcanjo apareceu morto em 2016 enforcado na própria gravata dentro do guarda-roupas.

Um imbecil pode, por si só, levantar dez vezes mais problemas que dez sábios juntos não conseguiriam resolver.

Lenin

Para aqueles que acreditam em psicografia, li há pouco tempo que o espírito de Eduardo Campos, agora no plano espiritual, se encontra muito indignado pelo "acidente" que o vitimou e culpa Aécio Neves, com o qual tinha amizade no Congresso Nacional, pelo crime.

Aécio apostava na vitória contra Dilma em 2014. Aliou-se a Marina Silva, de quem beijou as mãos antes da campanha do segundo turno, certo de que derrotaria o PT. Mau perdedor. Na sequência, fez de tudo para tornar o segundo governo Dilma "quanto pior, melhor".

O avô de Aécio, Tancredo Neves, não teria sido cassado durante a Ditadura por ter dois irmãos generais. Os processos de Aecinho no STF, por sua vez, não andam, porque este conta com o mesmo nível de proteção nas altas esferas.

Em Belo Horizonte me contaram como Aécio é blindado quando acontece alguma coisa com o playboy mimado, privilegiado por ter tido um avô-presidente, mártir da Nova República. Certa vez, ao bater o carro em decorrência de overdose de cocaína, interditou-se todo o hospital para que o assunto dali não transpirasse.

Já secular no Paraná, a família Rocha Loures é proprietária da Nutrimental, portanto, uma família burguesa. Mesmo assim, Rodrigo Rocha Loures foi apanhado com uma mala cheia de dinheiro, preso, e logo depois solto. O processo não andou também no famoso escândalo da JBS, na qual o então presidente Temer até agora não foi preso.

Conversei com um membro da família, primo de Rodrigo (o médico Geraldo Rocha Loures), sobre o caso. "Na família, há os que acreditam na história da mala e há os que não acreditam", contou-me o médico. Enquanto isso, Lula foi condenado no caso do tríplex do Guarujá por "ato de ofício indeterminado", ou seja, motivo nenhum.

Conheci pessoalmente Joyce Hasselman, ainda na fase progressista, durante encontro de blogueiros promovido em 2013 pela APP-Sindicato – Sindicato dos Professores do Paraná. A então jornalista da Band Curitiba havia sido processada por deputados da base aliada do então governador Beto Richa (PSDB).

Meses depois, Joyce esteve no gabinete do vereador Jorge Bernardi (PDT) para fazer reportagem sobre a CPI do Transporte Coletivo de Curitiba. Eu era assessor de imprensa de Bernardi, que presidiu a referida CPI. "Não tenho preço", disse naquela oportunidade a repórter, apresentadora e blogueira. Mudou de lado e passou a ter preço, como se viu.

Passei 33 anos no serviço ativo como membro dos Fuzileiros Navais. Passei a maior parte do tempo como guarda-costas dos homens de negócios e banqueiros. Acho que poderíamos dar a Al Capone algumas sugestões.

General Smedley Butler

Dan Mitrioni também figura na galeria dos heróis. Esse americano veio para o Brasil para ensinar tortura aos membros da Repressão. Apanhava-se mendigos nas ruas de Belo Horizonte, levava-se para a prisão onde se ensinava as técnicas sobre como provocar dor. Depois Mitrioni seguiu para o Uruguai, onde os *tupanamaros*[96] o justiçaram. Sabedor do fato, o cantor Frank Sinatra promoveu um show para arrecadar fundos para ajudar a viúva de Mitrione chamando-o de "grande homem". E o pior: foi enterrado com honras militares em Washington[97]. Página 251.

Dizer a verdade em tempos de mentira é um ato revolucionário.

George Orwell

---

96. Movimento de Liberação Nacional - Tupanamaros (MLN-T), ou simplesmente Tupamaros, foi um grupo guerrilheiro marxista-leninista uruguaio de guerrilha urbana que operou nas décadas de 1960 e 1970, antes e durante a ditadura civil-militar no Uruguai (1973-1985).

97. *Histórias de um repórter.*

Branquela, cheia de sardas, dentuço e ruivo, Daniel, filho de Mitrioni, tentava sem jeito jogar futebol em Belo Horizonte. Explicava que o pai trabalhava com limpeza, mas se recusava a dar detalhes. A mãe não deixava ninguém entrar na casa da família.

A "limpeza" a que se referia o Mitrioni Júnior, era a mesma a que era fissurado Costa e Silva, representante dos duros que tomaram o poder de Jango em 64. O general que praticamente arrancou a faixa presidencial de Castelo e botou no próprio peito, mandou vitaminar (potencializar) o mal nascido serviço de inteligência brasileiro para "fazer uma limpa" em cima dos subversivos.

Ao herói tudo se perdoa porque ele exerce um fascínio sobre sua plateia. Hitler empolgava tanto que as pessoas se atiravam na frente do carro ou trem e até perdiam a vida. O guarda-costas do líder nazista permaneceu 15 anos ao seu lado e não sabia dos crimes praticados.

Uma cena que ilustra isso no Brasil: no dia 26 de julho de 2019, Bolsonaro comparece a um evento em Goiás, com parentes usando helicóptero do governo de maneira irregular. Nepotismo. Questionado pela imprensa, o presidente responde de forma bastante deseducada, grosseira mesmo, no que é aplaudido (pasmem) pela plateia presente. Está surpreso? Eu também. Vale lembrar que enquanto os nazistas queimavam livros (inclusive de Freud), havia plateia para aplaudir.

A CASA GRANDE DESPREZA A SENZALA

Mulatas para fornicar, negras pra trabalhar e brancas para casar.

Frase do livro *Casa Grande & Senzala,* de Gilberto Freyre

Fernando Henrique Cardoso e tantos outros duvidavam do sucesso do governo que o sucedeu. A imagem de Lula era a de nordestino, metalúrgico, sindicalista e analfabeto. Nunca até então na História do Brasil alguém de classe tão baixa - do povão mesmo – havia chegado tão longe.

Acima de qualquer suspeita, o professor britânico Richard Bourne, especializado em estudos políticos latino-americanos da Universidade de Londres e autor de um livro sobre o novo presidente - *Lula do Brasil, a historia real, do Nordeste ao Planalto* – dá a dimensão sobre algo inédito.

"O presidente Obama estava certo ao descrevê-lo no Encontro das Américas em Trinidad e Tobago, como o político mais popular do planeta", diz Bourne, na apresentação do seu livro. Lula deixou o governo no final de 2010 com 87% (Ibope) de aprovação ao final do governo.

Contra a opinião corrente, inclusive de um presidente-sociólogo que jamais teve tanta projeção, Lula é motivo de dezenas de monografias, dissertações e teses nas melhores universidades do mundo. Conquistou 35 (ou 55?) *títulos honoris* causa contra apenas cinco de FHC.

Em 2014 o ex-presidente Lula foi um dos doze homenageados em forma de bustos de bronze feitos pelo escultor chinês Yuan Xikun. Lula foi a única personalidade viva a ser transformada em busto e as estátuas eram réplicas das originais, que estão em Pequim.

Por quê? Porque é um caso raro de superação pessoal e promoção da pessoa humana, ao tirar milhões de pessoas da pobreza e pelos programas sociais inovadores. FHC deve ter se incomodado muito. A elite nacional não perdoa. A Casa Grande quer manter a Senzala.

Ao contrário de Bolsonaro, que "fala fino com os Estados Unidos e fala grosso com a Bolívia[98]", Lula procurou mostrar ao mundo, principalmente ao Grande Irmão do Norte, que o Brasil tinha condições de ser tratado não com *viralatice* e subserviência, mas com galhardia.

Ser um país colonizado favorece muito mais à elite nacional do que a maioria da população. Exemplo: quando Jesus foi preso, na sequência foi levado a Pôncio Pilatos e ao Sinédrio. Havia, claro, perfeita sincronia entre a elite religiosa local judaica e a elite política romana.

Políticos e fraldas devem ser trocados de tempos em tempos pelo mesmo motivo.
Eça de Queiroz

Cada judeu pagava a Roma o imposto devido, mas os privilégios tanto do Sinédrio quanto da corte de Herodes, o rei fantoche a serviço do Império Romano, foram mantidos. Nos tempos atuais só trocou o nome do império. Hoje é o império americano.

[98] Frase de Chico Buarque.

Ora, Jesus era um revolucionário ousado demais e que estava perturbando a ordem. Qual seria o sentido de curar as pessoas (o que diria a indústria farmacêutica?), dizer que o reino não era desse mundo e ainda dividir o pão (socialista)? O melhor que os reacionários judeus tinham que dizer era mandá-lo para Cuba.

"Vai, vende tudo, distribui aos pobres...", frase de Jesus, que se fosse seguida, não teríamos tido o surgimento dos bancos, fonte de acumulação capitalista e exploração do ser humano. Possivelmente Jesus teria sido preso e enviado para cumprir pena na Polícia Federal em Curitiba.

Entre Jesus e Barrabás, a multidão preferiu escolher Barrabás, sob a batuta da Rede Encantadora de Burros. Passamos dos 4% de desempregados em 2016 para 13% em julho de 2019. Ao votar o 17 o eleitor disse sim ao fim da aposentadoria, entrega das riquezas do subsolo, entre outros pesadelos.

Jesus subverteu a ordem: o ser humano não vive para o trabalho, o trabalho é que existe para o homem. Daí a origem da palavra subversivo. Aquele que muda e não segue o senso comum.

Preso pelo serviço secreto israelense, Mossad, Adolf Eichmann, assassino de centenas de milhares de judeus, foi perguntado por que fora o responsável pelo assassinato de tantos descendentes de Abrahão, o nazista respondeu: "eu amo os judeus". E Bolsonaro, racista, diz que não discrimina ninguém. Em ambos os casos, o grau de consciência é zero.

Durante a juventude na Argentina, o então padre Jorge Bergoglio trabalhou ativamente na resistência à Ditadura Militar, responsável por milhares de vítimas. Atualmente como Papa Francisco, o pontífice tem constantemente manifestado preocupação e solidariedade com o avanço do Fascismo no Brasil.

Em política, a comunhão de ódios é quase sempre a base das amizades.

Alexis Tocqueville

Francisco enviou mensagens a Lula na prisão e várias vezes deu indiretas sobre as arbitrariedades da Justiça no caso Lava Jato; evitou vir ao Brasil para não estar ao lado de personalidades como Temer e Bolsonaro. Este não quis ir ao Vaticano para a cerimonia de canonização da brasileira Irmã Dulce. "A verdade vencerá", disse o papa.

Ao contrário de Romário e Ronaldo Fenômeno, que renegam suas origens e são coxinhas, os craques Diego Maradona e Leo Messi dão demonstrações de consciência de classe. Maradona se manifestou contra o impedimento da presidenta Dilma e ficou solidário com Lula; Messi abriu um restaurante em Buenos Aires para ajudar famintos moradores de rua.

IMBECILIZAÇÃO E VIRALATICE

Precisamos estancar a sangria com o Supremo
e com tudo, inclusive com apoio dos militares.

Senador Romero Jucá, o "Caju" da
lista da Odebrecht, sobre como parar a
Lava Jato e tirar Dilma do governo.

O brasileiro comum, indiferente aos rumos do país, segue a vida de novela em novela, "esperando aumento para o mês que vem, esperando, esperando" como diria Chico Buarque em *Pedro Pedreiro*. Como disse Wilhelm Reich[99] em Escute, Zé-Ninguém, "você teve mais sucesso em conquistar a liberdade do que conservá-la para si mesmo e para os outros".

O Zé-Ninguém sem qualquer autoestima é o protótipo do brasileiro médio aplaudindo as jogadas da Seleção Brasileira ou do time do coração, ou aprovando as medidas do político X sem questionar sua história. Sem conferir se é verdade ou não. A liberdade individual nada significa para ele, mas a liberdade nacional, a política internacional, por exemplo (Ditadura de Maduro, a pobreza cubana) sim.

[99] Wilhelm Reich (Dobzau, Austria, 24 de março de 1897 — Lewisburg, Pensilvânia, 3 de novembro de 1957) foi um médico, psicanalista e cientista natural. Ex-colaborador de Sigmund Freud, rompeu com este para dar prosseguimento à elaboração de suas próprias ideias no campo da psicanálise.

Como Zé-Ninguém despreza a si mesmo, é desprezado pela elite. Esta sacrifica o povão porque conhece suas fraquezas porque seus senhores usam símbolos para manipular o cidadão comum indiferente à sua própria escravidão. Invocar a felicidade é um sonho, mas segurança tem significado muito maior.

De todos os ódios, nenhum supera o da ignorância contra o conhecimento.

Galileu Galilei

"Você já teria se livrado de seus opressores há muito tempo se não tivesse aprovado a opressão", diz Reich na página 20 do livro com o mesmo nome. Como Malcolm X e Simone de Beauvoir disseram e o autor alemão também diz: "você promoveu seus zé-ninguéns a opressores e transformou em mártires seus verdadeiros grandes homens; estes os crucificaram e apedrejaram, ou os deixaram morrer de inanição". Inverteu a ordem como os bolsominions têm feito.

O Zé-Ninguém quer gênios, homens públicos bem apessoados como Sérgio Moro, o herói mauricinho criado pela Rede Globo para acabar com a corrupção.

Ora, o que o Zé-Ninguém desconhece é que suas crenças foram cuidadosamente construídas com as informações transmitidas pelos pais ou educadores, particularmente nos primeiros sete anos de vida.

"Consentimento ativo do dominado através da persuasão e hegemonia cultural", como diria Gramsci. Foi assim que a Rede Globo se consolidou durante a Ditadura. Cria-se assim uma visão de mundo adequada ao interesse do Capital. Não obstante a Constituição de 1988 determinasse que "os meios de comunicação não podem ser objetos de monopólio", esses artigos não foram regulados pelo Congresso Nacional.

Por falar em Gramsci, este deputado italiano comunista preso por ordem de Mussolini, concebeu na prisão as memórias do cárcere, onde delineia os fundamentos daquilo que Olavo de Carvalho chama de marxismo cultural. E a propósito de Mussolini, sua filha Eda, dizia que o pai deveria ocupar o panteon dos heróis.

Hegemonia, conforme Gramsci, ocorre como liderança intelectual e moral e por dominação. Corrupção e fraude fazem parte do processo. O instrumento mais característico do poder capitalista é o controle sobre os meios de pagamento.

A tarefa dos intelectuais revolucionários é refinar informações que possam levar as massas a entender o que realmente lhe interessa. Através de jornais murais, teatro e música feitos por grupos revolucionários que transfiram essa filosofia ao cidadão-comum, ao Zé-Ninguém imbecilizado pela mídia, diz Gramsci.

"As Revoluções (Francesa, Russa, Haitiana) foram as precursoras responsáveis pela quebra do feitiço da divindade dos governos. Pessoas comuns também podem governar", diz Vijay Praschad em *A estrela vermelha sobre o terceiro mundo.*

Atualmente sete grupos detêm o monopólio da comunicação no Brasil, ou seja, os grupos Abravanel, Igreja Universal, grupo Frias, Rede Globo, família Mesquita, Civita e Saad.

Se privatizarem tudo
ficaremos privados de tudo

Cartaz de um manifestante durante manifestação contra as privatizações.

Plasticidade das imagens, qualidade do som e o impacto das formas atraem os telespectadores e os conduzem à passividade hipnótica. A casa é invadida por sons e imagens, criando a sensação na participação de uma comunidade ilusória. Ele (ou ela) é conduzido assim a uma relação de natureza masturbatória que o fará projetar os ídolos (artistas, cantores, galãs de novela) quando experimenta o gozo na participação dos eventos sem correr qualquer risco.

A Rede Globo, por exemplo, mantém vários profissionais especializados em conhecer o que interessa seu público. Tudo funciona como um imenso laboratório. Ali já se conhece de antemão todas as tendências para, dessa forma, se manipular mais à vontade. A Fundação Roberto Marinho, criada em 1977, investe em campanhas de memória nacional, ajuda a crianças, meio ambiente, etc. A ideia é passar a imagem de promover o bem-estar.

CONCLUSÃO

Seja qual for a origem
ancestral, somos todos, pela cultura
comum, afro-brasileiros.

Jacob Gorender.

Resgatar o passado e trazê-lo à luz do presente, resgata a alma dos nossos ancestrais, que merecem a nossa reverência. Já faz 519 anos da chegada de Pedro Alvares Cabral ao Brasil. Alguém comparou o destino da Humanidade com um rio onde a correnteza tende a arrastar a todos para baixo, o que significa a repetição dos padrões da sociedade. No caso particular de nosso país, ainda vivemos atualmente, após cinco séculos, a repetição dos dramas de um povo excluído e privado dos direitos mais elementares como alimentação, moradia, luz elétrica, assistência sanitária e de saúde, renda e sobretudo Justiça.

"Nascemos do estupro de negras e índias e não há nada de exótico nesses atos. Tal relação se perpetua nas relações afetivas e sexuais da nova ordem social", afirma Maysa Matias Alves Pereira[100]. Num país de desrespeito a várias Marias do Rosário, Potiras e Tias Anastácias, isso é senso-comum.

Mesmo um conservador como o celebrado autor de best-sellers Laurentino Gomes, está preocupado com a situação do país: "Nenhum outro assunto é tão importante e tão definidor para a construção da

[100] *Hasteemos a bandeira colorida: diversidade sexual e de gênero no Brasil.*

nossa identidade", dada a maltratada situação dos afrodescendentes, e por consequência, do povo brasileiro. Estudar a saída passa pela história, pelo que somos no início do século XXI e também pelo que seremos daqui para a frente, propõe o escritor.

A nossa sobrevivência como país e a nossa soberania vão depender do quanto nós podermos fazer da Resistencia Democrática fugindo ao jugo da Matrix dominadora. Os revezes que sofremos já são muitos. Um deles foi no campo energético: perfuramos aqui o primeiro poço de petróleo com um hiato de quase um século em relação aos Estados Unidos.

"Caíram as máscaras", diz o filósofo Peter Pelbart, o Brasil é um país construído sobre bases violentas, mas que acreditou no mito do brasileiro cordial. Um país que deu anistia a torturadores e fingiu que a Ditadura nunca existiu, que não fez a reparação da Escravidão e diz que é miscigenado e não é racista. Nós fechamos as feridas sem limpá-las e agora elas inflamaram".

O Capital é cruel. Exige lucro a todo custo. Não há princípios ou humanismo. Apenas resultados. A palavra *lucro* na sua raiz latina significa *logro*. É a conquista de território onde o cérebro reptiliano impera. Capitalismo é concorrência e individualismo; Socialismo, mesmo utópico, significa parceria.

Maior que a tristeza de não haver vencido é a vergonha de não ter lutado.

Rui Barbosa

O cidadão comum espera sempre que alguém venha resolver os problemas para ele; nunca faz as perguntas necessárias para eleger seus representantes. Deixa de participar das soluções mais simples como a administração do próprio condomínio onde vive.

Se as lições da História forem aprendidas, se cada cidadão e contribuinte tiver interesse nas soluções, no destino dos pesados impostos com que arca, se conseguir fugir ao marketing danoso da mídia mentirosa entre tantas outras iniciativas, poderemos mudar o rumo do Brasil. Impossível esquecer o sacrifício de tantos que deram a própria vida para chegar onde chegamos: Zumbi, Tiradentes, Margarida Alves, Prestes, Marighella, Chico Mendes, Ulysses.

Recuemos ainda mais na História. Aliás, antes mesmo da História oficial. Reza a lenda que antes do Patriarcado havia o Matriarcado, um mundo sem competição e mais solidariedade. Naquele ambiente, a mulher era a Deusa geradora da Vida. Fantasia? Utopia? Talvez para os nossos parâmetros atuais. A História dos últimos 10 mil anos é uma luta constante pela sobrevivência. Do ser humano contra outros seres humanos.

Impossível esquecer os que realizaram administrações no mínimo polêmicas para o país, como FHC, os presidentes militares, os que abriram o país ao capital internacional sem conferir o quanto dependentes ficaríamos.

Alguém escreveu certa vez que "toda agressão é um pedido de ajuda". Temos no Brasil um presidente aparentemente corajoso, mas que na verdade é fraco e covarde. Diz-se que Bolsonaro dorme com uma arma debaixo do travesseiro. De certa feita, quando determinado repórter lhe indagou sobre irregularidades sobre o filho Flávio, se saiu com essa: "Por que não vêm pra cima de mim?" fiel à máxima que diz a melhor defesa é o ataque. Faz-nos lembrar daquele tio bronco, que diz tudo o que pensa.

Nem sempre o que é lícito é honesto.

Direito Romano

Antes mesmo da posse no cargo máximo da República, o então presidente eleito encomendou vários automóveis blindados. Durante visita à Bahia, onde foi inaugurar o Aeroporto Glauber Rocha, mandou postar vários atiradores de elite nos prédios vizinhos, com medo claro de ser alvejado pelos inimigos.

Seu aspecto de valentão pronto sempre para a briga, à disposição para afrontar a todos demonstra apenas o seu vazio interno, sua falta de conteúdo. Faz lembrar o medo que os quilombolas faziam aos senhores de engenho no período do Império. Ao tomarem conhecimento da Independência do Haiti, passaram a temer o "inimigo interno": os negros.

O historiador americano Herbert Aptheker (American Negro Slave Revolts), afirma que um dos sentimentos dominantes entre os senhores durante a escravidão era o medo. Viviam em sobressalto esperando a revolta dos escravos, diz Clovis Moura. No Brasil, temia-se que o grito de liberdade de terras distantes chegasse aos cativos locais.

O "socorro" de Fidel Castro e Che no século XX aos irmãos latino americanos não foi novidade, pois a insurreição haitiana motivou os negros no Brasil já no século XIX. Quilombolas brasileiros também fizeram alianças com negros das Guianas Francesa e Holandesa.

Enquanto todos nós, pobres mortais, lutamos para pagarmos em dia as nossas contas, o delgado e esbelto procurador da República, Deltan Dallagnol, se esmera em acumular dinheiro em sua conta bancária para depois surfar nas praias exóticas de um país distante, conforme ele mesmo confessou durante um dos programas de Jô Soares.

O pai do jovem Deltan, Agenor Dallagnol, obteve sabe-se lá por quais meios durante a Ditadura, 400 mil hectares no Mato Grosso. Ali a família desenvolve agricultura supostamente sustentável. Alguns dos membros da família já foram flagrados por atuações irregulares na área.

Deltan havia postado no twiter que era dono de um currículo com curso em Harvard, mas depois apagou. Como o ministro da Educação, Abraham Weintraub e a ministra dos Direitos Humanos, Damaris Alves.

Quando comecei o trabalho de escrever este livro não imaginei o quanto a minha tristeza e indignação daquele momento me levariam às descobertas que acabei fazendo. A sincronicidade me trouxe os autores certos sobre os temas certos.

Com ansiedade grande e muito chão pela frente, a luta é árdua, a campanha vai longe, como dizia Fernando Henrique Cardoso, na época engajado na Esquerda. "Não sabíamos e não tínhamos a dimensão sobre quando terminaria a Ditadura", disse FHC, nos duros tempos da resistência. Agora é parecido.

E ironia das ironias, o entreguista FHC teve como tio um nacionalista, o general Felicíssimo Cardoso, presidente do Centro de Estudos e Defesa do Petróleo e da Economia Nacional. Na gênese dos nossos problemas desde Getúlio, passando por Jango, Dilma e Lula, está o jogo da disputa pelo petróleo.

"De onde se conclui que, para se implantar uma política nacional de petróleo, é preciso que a nação esteja politicamente preparada e o país capacitado", diz Ilmar Penna Marinho Junior, autor de *Petróleo, política e poder*. Sem apoio popular, que cede às injunções de uma mídia antinacionalista, isso não foi possível na época de Getúlio nem nos governos do PT.

Um político divide os seres humanos em duas classes: instrumentos e inimigos.

Friedrich Nietzsche

O Brasil foi desestabilizado politicamente (e economicamente) graças ao longo braço do interesse internacional. O cartel do petróleo, diz Jacques Bergier, é a raiz de todas as guerras. Segundo o autor francês, "somente uma tomada de consciência coletiva deste fato pelas opiniões públicas mundiais pode chegar a esta vitória: cremos que valemos alguns milhões de liliputianos aos pés de Gulliver. Esta tomada de consciência é urgente. Dela depende a sobrevivência da humanidade", encerra.

A vocação para ser *República de Curitiba*[101] vem de longe. Já nos anos 30 a capital do Paraná sediava alguns clubes nazistas e, inclusive o Hotel Joncher, localizado na Rua Barão do Rio Branco, chegou a hospedar um espião nazista. O último prefeito progressista da cidade foi Requião, eleito em 1985. A branquitude aqui é representada pelo Coritiba, cujo apelido é Coxa Branca, dada a presença de atletas muito alvos nas primeiras décadas de sua existência.

Plínio Salgado foi o candidato a presidente mais bem votado em Curitiba em 1955. Era o maior fascista do Brasil, seguidor de Benito Mussolini. Se dependesse de se eleger só no primeiro turno, Bolsonaro teria sido eleito em Curitiba em 2018.

No ambiente geral de perplexidade do país como um todo, com o festival de sandices e mancadas, Bolsonaro pega carona na máxima de Machiavel de que "o príncipe não precisa ser amado, precisa ser temido", o que aos poucos ajuda a derreter a sua já precária popularidade. É o começo do seu fim.

O coxinha manipulado, o peão do tabuleiro de xadrez do Capitalismo internacional, se vê assim sem eira nem beira, destilando ódio dentro do efeito manada produzido pela mídia mercenária. Detalhe: o peão do xadrez não pode voltar atrás porque não é dotado de tal liberdade. Se usasse a tática de um passo para trás para depois dar dois passos para frente, talvez encontrasse alternativas.

---

[101] República de Curitiba. Frase de Lula durante discurso logo após a condução coercitiva, quando apontava as arbitrariedades da Lava Jato, sediada na capital do Paraná.

Como bom analfabeto político, o bolsominion aposta na alternativa do Mito (ou quem sabe do Mourão se o capitão for demitido do governo). Ele desconhece tudo o que foi falado sobre Reforma da Previdência, apenas apoiou, inclusive com cartazes nas ruas.

"Nós, brasileiros, somos um povo mestiço na carne e no espírito. Essa massa de nativos oriundos da mestiçagem viveu por séculos sem consciência de si na *ninguendade*. Um povo até hoje na dura busca de seu destino", diz Darcy Ribeiro.

E para libertar a África do Sul negra do domínio branco do *apartheid*, Nelson Mandela acreditou que "alguém tinha que parecer corajoso". Mesmo quando se tinha medo, recorda o líder negro. É claro que nós estamos tristes e indignados, mas não derrotados. Para estar em guerra, basta ter nascido.

A classe média, diz o sociólogo Jessé Souza, é o destacamento dos ricos, isto é, os de baixo pagam impostos demais e os milionários, nada.

Abaixo todos os dogmas religiosos, eles não são nada além de mentiras; A verdade não é uma teoria, mas um fato.

Bakunin

Investimento de recursos públicos em obras públicas é assunto sobre o qual refleti quando morei em Portugal. Ali percebi o cuidado que se tem, por exemplo, em evitar colisões de trens com veículos rodoviários, uma vez que os gestores públicos lusos sempre encontram alternativas na construção de túneis ou passagens elevadas ao contrário daqui, onde o assunto é tratado com descaso.

Portugal prima por homenagear personagens históricos, literários ou científicos, investindo em monumentos e estátuas, que contam a importância do homenageado para o país. Especialmente Leiria me mostrou como uma cidade de porte pequeno faz isso de maneira exemplar. Não há como se iludir, só depois de satisfazer as necessidades básicas, como diz Maslow, é que se aprende boas maneiras. O que é o nosso caso. O povo brasileiro quase sempre passou fome.

Ultimamente em Curitiba, tenho percebido como têm sumido as estátuas instaladas nos logradouros públicos, o que leva a indicar que têm sido roubadas. Na verdade, reflete o desinteresse com a memória nacional num país onde ter o que comer já está se tornando muito difícil.

Finda a Segunda Guerra Mundial, o saldo foi de 40 milhões de mortos, a Alemanha e países vizinhos arrasados, Hitler e Mussolini mortos. No Brasil, o Golpe de 2016 tem ainda desdobramentos como o fim dos direitos trabalhistas, a prisão ilegal de Lula, a eleição ilegítima de Bolsonaro, a votação da Deforma da Previdência.

Quanto mais informação, maior a percepção. O poeta disse bem quando falou que "se o bem e o mal existem, você pode escolher, é preciso saber viver" (Roberto Carlos). Mas o povo que não conhece sua própria História, está condenada a repeti-la.

Desanimar deve ser a última palavra no nosso dicionário, pois o I Ching nos ensina: "Ao término de um período de decadência sobrevém o ponto de mutação". Sim, eu extraí esse trecho do livro de mesmo nome, de autoria de Fritjof Capra. Nos agradecimentos que o autor faz, Capra se refere à Angela Davis[102], revolucionária americana. Ela contribuiu para sua maturidade política.

---

[102] Angela Davis (1944) é professora e filósofa socialista estadunidense que alcançou notoriedade mundial na década de 1970 como integrante dos Panteras Negras, por sua militância pelos direitos das mulheres e contra a discriminação social e racial nos Estados Unidos e por ser personagem de um dos mais polêmicos e famosos julgamentos criminais da recente história.

Impresso em papel Pólen Soft 80gr m ^{2}, em tipologia garamond 12/16,
no verão de 2019/2020.